PROJETANDO ESPAÇOS

GUIA DE ARQUITETURA DE INTERIORES PARA ÁREAS RESIDENCIAIS

OBRA ATUALIZADA CONFORME
O **NOVO ACORDO ORTOGRÁFICO**
DA LÍNGUA PORTUGUESA.

Dados Internacionais de Catalogação na Publicação (CIP)
(Jeane Passos de Souza – CRB 8ª/6189)

Gurgel, Miriam
Projetando espaços : guia de arquitetura de interiores para áreas residenciais/ Miriam Gurgel. – 8ª ed. – São Paulo: Editora Senac São Paulo, 2018.

Bibliografia.
ISBN 978-65-5536-356-2 [Venda internacional]

1. Arquitetura – Projetos e plantas 2. Arquitetura de interiores 3. Arquitetura habitacional 4. Design 5. Espaço (Arquitetura) I. Título.

18-856s CDD-729
BISAC DES010000

Índices para catálogo sistemático:

1. Áreas residenciais : Arquitetura de interiores : Planejamento 729
2. Arquitetura de interiores : Áreas residenciais : Planejamento 729

PROJETANDO ESPAÇOS

GUIA DE ARQUITETURA DE INTERIORES PARA ÁREAS RESIDENCIAIS

MIRIAM GURGEL

8ª edição revista

EDITORA SENAC SÃO PAULO – SÃO PAULO – 2018

EDITORA SENAC SÃO PAULO
Conselho Editorial: Luiz Francisco de A. Salgado
Luiz Carlos Dourado
Darcio Sayad Maia
Lucila Mara Sbrana Sciotti
Jeane Passos de Souza

Gerente/Publisher: Jeane Passos de Souza (jpassos@sp.senac.br)
Coordenação Editorial/Prospecção: Luís Américo Tousi Botelho (luis.tbotelho@sp.senac.br)
Dolores Crisci Manzano (dolores.cmanzano@sp.senac.br)
Administrativo: grupoedsadministrativo@sp.senac.br
Comercial: comercial@editorasenacsp.com.br)

Preparação de Texto: Francisco José M. Couto
Revisão de Texto: Adalberto Luís de Oliveira, Edna Viana, Ivone P. B. Groenitz, Izabel Cristina Rodrigues, Jussara Rodrigues Gomes, Kátia Miaciro, Luciana Lima (coord.), Luiza Elena Luchini, Magna Reimberg, Maristela S. da Nóbrega, Regina Di Stasi, Tiemi K. e Globaltec Editora Ltda.
Projeto Gráfico e Editoração Eletrônica: Antonio Carlos De Angelis
Capa: João Baptista da Costa Aguiar

Editora Senac São Paulo
Rua 24 de Maio, 208 – 3º andar – Centro – CEP 01041-000
Caixa Postal 1120 – CEP 01032-970 – São Paulo – SP
Tel. (11) 2187-4450 – Fax (11) 2187-4486
E-mail: editora@sp.senac.br
Home page: http://www.livrariasenac.com.br

SUMÁRIO

NOTA DO EDITOR

A formação profissional na área de arquitetura de interiores solicita domínio técnico e criatividade na organização de um projeto. Esse é o principal objetivo de *Projetando espaços: guia de arquitetura de interiores para áreas residenciais*, de autoria de Miriam Gurgel, uma publicação da Editora Senac São Paulo. Para tanto, é necessário que o projeto contemple as diversidades culturais do país, procurando criar ambientes onde forma e função, isto é, estética e funcionalidade convivam, de maneira que atendam às expectativas culturais de cada indivíduo. Nesta publicação que se vincula a uma área em que o Senac São Paulo tradicionalmente desenvolve ação educacional – design de interiores –, os leitores – profissionais ou estudantes – encontrarão um roteiro seguro, essencialmente prático, que parte de conceitos objetivos para a formulação de considerações técnicas e culturais, tendo em vista a elaboração de um bom projeto.

A minha mãe, Binda, que embora ausente está em mim.
Obrigada por haver estado presente e vivenciado cada etapa de minha vida! A senhora esteve comigo em cada um dos dias em que escrevi este livro!

*Agradeço àqueles que, de forma direta ou indireta, me ajudaram,
me estimularam e, principalmente, acreditaram em mim!
Obrigada a todos. Enfim, nasceu meu filho!*

PREFÁCIO

> A arquitetura é como um iceberg, e a parte visível é muito pequena em relação ao que está oculto. O que fica além da fachada de um edifício é a vida.
>
> *Renzo Piano,* apud *Moacir Amâncio, "A arquitetura como ponta do iceberg", em* O Estado de S. Paulo, *São Paulo, 17-6-2001.*

Nos meus primeiros anos da Faculdade de Arquitetura desenvolvi o hábito de visitar livrarias e bancas de revistas importadas, na época poucas e raras, em busca de conhecimento e atualização.

Acreditava e continuo acreditando que, para podermos projetar e criar soluções diferenciadas, é necessário abrirmos o horizonte de conhecimentos que possuímos. Pesquisar, no Brasil e em países com diferentes culturas, ajuda a ampliar nosso conhecimento, estimula nosso senso de observação e nos ajuda a ser mais críticos e abertos ao novo.

Não é fácil encontrar material consistente referente aos conceitos e princípios básicos da arquitetura de interiores. Encontramos diversos livros e revistas com referências fotográficas de ambientes que apresentam uma análise voltada mais para a decoração do que a arquitetura de interiores propriamente dita.

Numa de minhas viagens à Itália, quando fazia o curso Architettura d'Interni, em Milão, numa das livrarias que visitei, encontrei um livro que me inspirou profundamente.

Meus nove anos de experiência lecionando para alunos de Design de Interiores e de Arquitetura comprovavam a necessidade de um livro que ajudasse os alunos e profissionais da área a entender conceitos básicos de design, a melhor organizar um raciocínio lógico e objetivo ao fazer um projeto, e que, além de tudo, orientasse o processo criativo.

Ensino, busco inspiração e continuo aprendendo com meus alunos.

Meu pai, professor universitário por mais de vinte anos, sempre me dizia: "É maravilhoso o contato com os alunos, pois, além de ensinarmos e estimularmos nossa reciclagem pessoal, aprendemos e rejuvenescemos". Obrigada, meu pai, por haver me apontado esse caminho!

Nas voltas que a vida dá, encontrei-me morando na Austrália, onde a arquitetura de interiores é baseada em necessidades e tecnologias bem diferentes. Agora lecionando num novo país, resolvi realizar mais um de meus sonhos e escrever um livro. Coloquei meu conhecimento, minha dedicação e minha pesquisa neste projeto, que só se tornou possível graças ao estímulo e à ajuda de meu companheiro Amato.

Este livro procurou não se basear em modismos passageiros. Seu fundamento está baseado em conceitos e estudos que se perpetuam, independentemente da moda em vigor. Por essa razão, as ilustrações e fotos não representam nem são expressão de nenhuma moda.

As ilustrações aqui contidas têm diferentes representações gráficas, com um propósito muito específico e claro, o de mostrar que são inúmeras as opções que podemos utilizar para ilustrar nossas ideias. Recordo com carinho meus alunos da Universidade Moura Lacerda, em Ribeirão Preto, com os quais insistia constantemente:

> Antes de uma boa apresentação, sem dúvida nenhuma importantíssima, deve haver um bom projeto, com um bom design. Uma boa apresentação ou representação gráfica não se sustenta por si só, é fundamental um sólido conceito de projeto.

INTRODUÇÃO

A arquitetura de interiores estuda o homem e suas particularidades socioculturais, sendo a expressão científica de seu modo de viver.

Em estudo minucioso, leva em conta fatores objetivos e subjetivos.

Os fatores objetivos são aqueles regidos por normas técnicas, medidas ergonométricas, pela topografia, pelo clima, entre outros, e mais recentemente pelos conceitos de sustentabilidade e ecodesign.

Já os subjetivos estão diretamente relacionados com a utilização propriamente dita do espaço, do ambiente, com todos os detalhes referentes às atividades que nele serão realizadas e com todas as preferências pessoais de quem o ocupará.

É conhecida uma vasta literatura que destaca a influência que as correntes imigratórias desempenharam no processo de colonização de um país tão extenso e diversificado como o Brasil. De fato, são notórios os efeitos produzidos em nosso meio sociocultural especialmente pelos contingentes imigratórios de origem africana, italiana, portuguesa, espanhola e alemã, entre outras menos numerosas. A propósito, o Brasil apresenta um verdadeiro mosaico de culturas heterogêneas, paradoxalmente caminhando para a homogeneização em tempos de globalização.

Necessariamente, a cultura brasileira teria mesmo de incorporar muitos dos usos, costumes, estilos, senso estético, práticas, tradições e valores de diferentes origens, ligados à sua maneira de ser e de viver. De habitar, inclusive.

Assim, o espaço ideal projetado para uma região do país não será o ideal para outra, já que diferentes colonizações estabeleceram-se em diferentes regiões do Brasil.

Paralelamente às necessidades culturais, as necessidades climáticas e topográficas de cada região evidenciam ainda mais a necessidade de diferentes soluções de projeto.

Ao caminharmos por uma rua podemos facilmente identificar diferentes propostas para um mesmo problema: morar. São soluções diferenciadas para famílias com particularidades distintas.

As diferenças existentes dentro de cada um de nós, as necessidades de cada indivíduo como ser único no universo, fazem com que as soluções de projeto sejam infinitas.

A casa é onde dormimos, comemos, guardamos coisas importantes para nós, recebemos amigos, ou seja, onde vivemos e nos sentimos protegidos. O planejamento adequado dos diferentes ambientes de uma casa deve propiciar o acontecimento de todas essas atividades às quais a casa se destina. A casa não deve ser estática, pois nossa vida não o é. Somos seres em movimento e vivendo numa sociedade em constante evolução tecnológica.

A arquitetura de interiores deve criar ambientes onde a forma e a função, ou seja, a estética e a funcionalidade, convivam em perfeita harmonia e cujo projeto final seja o reflexo das aspirações de cada indivíduo.

DESIGN

O design, como o entendemos hoje, é um processo consciente e deliberado que busca organizar materiais (com suas linhas, texturas e cores) e diferentes formas a fim de alcançar determinado objetivo, seja funcional ou estético.

A importância do design, na atualidade, torna-se evidente quando percebemos que o design aplicado a qualquer elemento afeta não somente os objetos que interagem com ele e as pessoas que o utilizam, mas, mais abrangentemente ainda, afeta nosso meio ambiente.

ELEMENTOS DO DESIGN

Os designers expressam-se por meio da organização de elementos, como espaço, forma, linha, textura, luz e cor. Devemos considerá-los ferramentas pelas quais o design se materializa, assim como a música usa o som, a pintura, as tintas e a matemática, os números. Um bom projeto de arquitetura de interiores é aquele que apresenta um bom design, ou seja, que atinge um resultado harmônico e criativo.

ESPAÇO

O espaço que consideraremos neste livro é o habitável, os ambientes em questão, o que existe entre as paredes, o teto e o piso. Elemento essencial da arquitetura de interiores, é o ponto de partida da criação, sem ele não há projeto. São inúmeros os modos de articular o espaço física, visual e até mesmo sonoramente. Segundo nosso interesse, se soubermos escolher corretamente os elementos compositivos, poderemos estimular diferentes sensações, como a de aberto/fechado, livre/enclausurado, seguro/vulnerável, entre tantas outras.

FORMA

É diretamente relacionada ao espaço. Apesar das diferentes formas existentes no mundo (cilíndrica, retangular, oval, etc.), podemos simplificar e considerá-las basicamente como retilíneas, angulares ou curvas. As maiores inovações na arquitetura de interiores estão relacionadas a soluções que exploram diferentes angulações, movimentos curvos e planos inesperados. A arquitetura de interiores atual pode e deve ser expressa livremente, uma vez que segue um conceito espacial novo e livre.

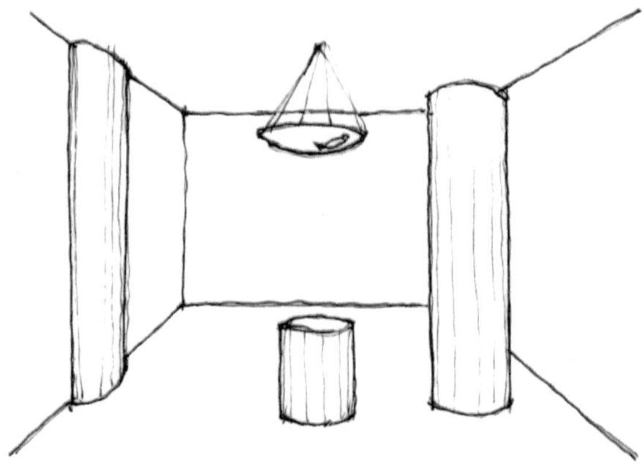

FIG. 1 – EXEMPLO DE FORMAS CILÍNDRICAS.

Retilínea

As formas retilíneas, muito populares, podem criar a sensação de monotonia, de "caixa". Devem ser usadas de forma criativa, para explorar a pureza do ângulo reto.

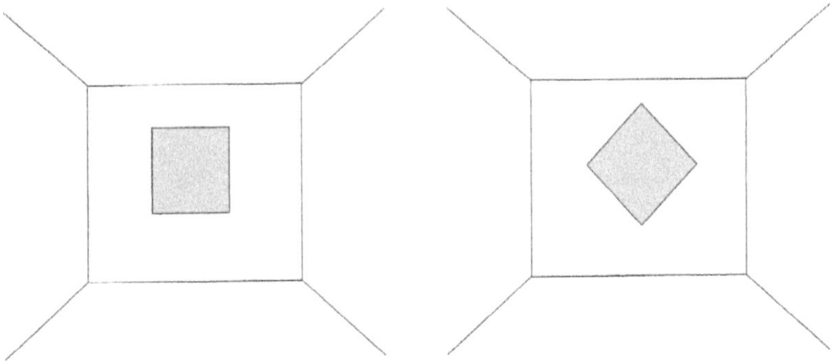

Fig. 2 – Exemplo de como uma simples rotação no posicionamento de um elemento retangular pode alterar seu impacto visual.

Angular

Diferentemente da retilínea, a forma angular propicia a ideia de movimento, embora, se usada em demasia, crie a sensação de irrequietação. Muito usada em tetos inclinados, cria ambientes amplos e arejados. As paredes inclinadas aparentam ser mais longas do que as retas.

Curva

Traz em si a ideia de continuidade, de constante movimento. Deve ser usada com cautela, pois a sua repetição em excesso leva monotonia ao movimento. Pode ser usada em plantas circulares, escadas, móveis, janelas e paredes.

O PROJETO IDEAL, COM UM DESIGN IDEAL, DEVE CONTER VARIADAS FORMAS E EVITAR A MONOTONIA. NADA COMO UM AMBIENTE RETANGULAR QUE SE ABRE POR MEIO DE UMA PAREDE INCLINADA OU CURVA, OU CRESCE NUM TETO INCLINADO, GERANDO DIFERENTES EMOÇÕES, DEPENDENDO DO TAMANHO, DA LOCALIZAÇÃO, DA COR E DA ORIENTAÇÃO DAS FORMAS.

LINHA

É a extensão do ponto por definição. Pode ser reta ou curva, fina ou grossa. É um recurso para enfatizar ou suavizar a forma dos objetos ou dos ambientes.

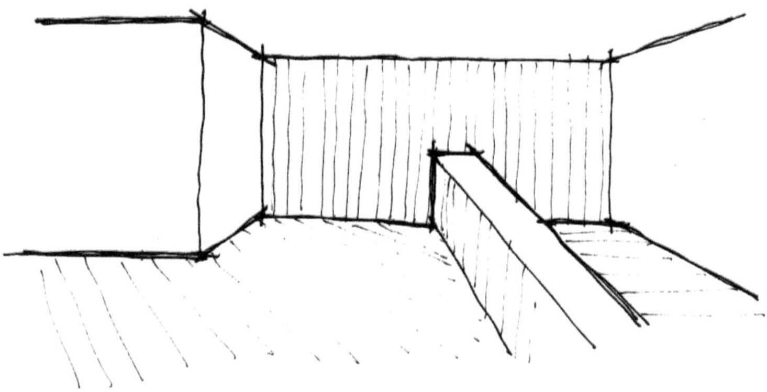

FIG. 3 – EXEMPLO DE APLICAÇÃO DE LINHAS.

RETA

Proporciona um caráter mais masculino ao ambiente, quando predominante.

- Vertical: tende a aumentar a altura e a dar mais dignidade e formalidade ao espaço. Pode adicionar a sensação de formalidade, altivez e frescura.

- Horizontal: linha relaxante e mais informal, principalmente quando longa. Aumenta a largura ou o comprimento dos ambientes, dependendo de sua direção. Quando predominante, pode ajudar a tornar um ambiente mais relaxante e informal.
- Diagonal: sugere movimento, é mais dinâmica do que as demais. Quando longa, aumenta o espaço. Se usada em demasia, pode causar inquietação. Ideal para ambientes dinâmicos.
- Quebrada: formada por dois ou mais tipos de retas, podendo deixar o ambiente um pouco "inquietante", já que se baseia na "descontinuidade".

Curva

Linha feminina, dá mais suavidade e movimento ao ambiente. Quando suave, proporciona relaxamento.

TEXTURA E PADRONAGEM

Elementos importantes na arquitetura de interiores podem criar pontos de interesse, diversidade e estímulo sensorial. É possível também

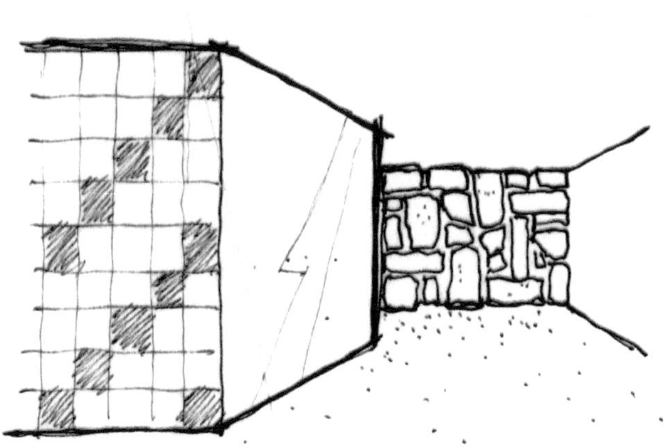

Fig. 4 – Exemplo de diferentes texturas e padronagem quadriculada.

usá-los como ornamento. O efeito psicológico causado por determinada textura e/ou padronagem dependerá de sua forma, cor e dimensão, bem como de seu consequente efeito visual e impacto.

A padronagem pode ser grande, pequena, intensa, suave, horizontal, vertical, etc., ou ainda imitar diversos materiais, como certos laminados que reproduzem perfeitamente a imagem de seixos de rios. Diferentes texturas acrescentarão características diversificadas às superfícies com padronagem. Por exemplo, um tecido de padronagem floral terá cores mais intensas e vibrantes se tiver textura lisa.

Alguns autores classificam a padronagem como a textura visual revelada por determinadas superfícies, embora lisas (por exemplo, veios da madeira, pinturas especiais, etc.). Já as superfícies tridimensionais, como paredes de tijolo aparente, pisos de pedra, etc., são classificadas como texturas tácteis.

Propriedades das texturas

- Superfícies lisas, como aço inox, metal polido, vidro, etc., refletem mais a luz, atraindo a atenção e fazendo com que sua cor pareça mais forte e viva. Em superfícies um pouco mais rústicas, a luz tende a ser mais absorvida; consequentemente, ameniza as cores utilizadas sobre elas. Em superfícies bem rústicas, ocorrerão alternâncias de claro e escuro e muita absorção de luz. Podemos intensificar ou amenizar uma textura colocando iluminação apropriada. Em superfícies rústicas, uma iluminação direcionada em ângulo dramatiza a textura, criando sombras; um wall-washing minimiza a textura; já uma iluminação difusa suaviza a aspereza da superfície.
- A qualidade do som pode ser melhorada com a utilização da textura correta. Superfícies duras e brilhantes fazem com que o som rever-

bere e se propague mais facilmente. Evite essa opção em ambientes onde características acústicas sejam indispensáveis, como home theaters, escritórios, etc. Opte por superfícies rústicas e mais porosas, que absorvam bem mais o som.

- A manutenção difere conforme a textura escolhida. Paredes de tijolos aparentes tendem a reter poeira. Os vidros têm manutenção relativamente fácil, porém custo mais elevado.
- A textura dá caráter aos ambientes. Entretanto, evite utilizá-la descoordenadamente e em demasia, para não sobrecarregar o ambiente e causar um resultado final inquietante.

LUZ NATURAL E ARTIFICIAL

Natural ou artificial, pode transformar qualquer ambiente e criar diferentes atmosferas. Conhecendo e dominando a luz, com suas propriedades e particularidades, podemos conseguir soluções criativas e originais.

COR

A cor é uma importante ferramenta para transformar a dimensão e a atmosfera dos ambientes. Pode e deve ser considerada um componente estrutural e não simplesmente um revestimento. A cor dá volume, altera a forma, reduz o confronto entre a parte interna e a externa.

Quando nos referimos à cor como revestimento final, ou seja, pintura, estamos diante de um dos modos mais econômicos de transformar um ambiente sem a execução de grandes obras.

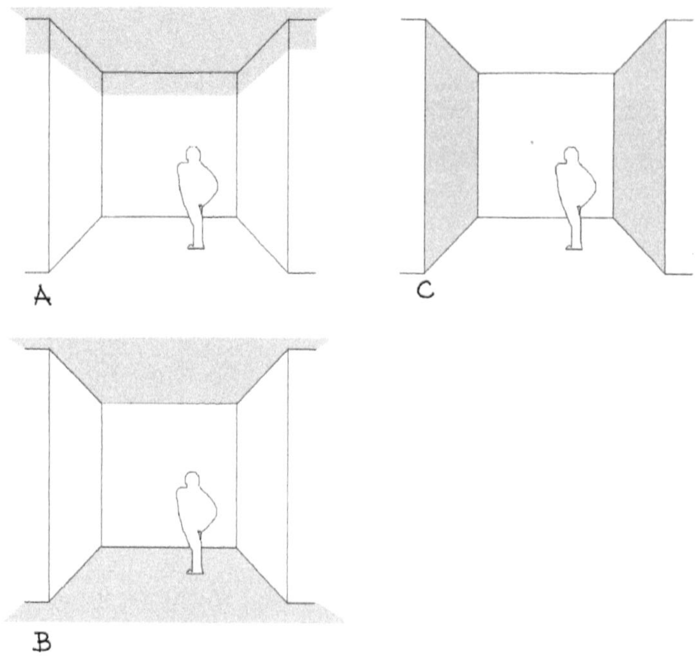

Fig. 5 – Exemplo de como usar uma cor mais intensa para diminuir visualmente o pé-direito (altura) de um ambiente (A e B), estreitar um ambiente, etc.

ELEMENTOS QUE INFLUENCIAM O DESIGN

FUNÇÃO

Cabe ao designer criar formas que supram as necessidades exigidas por determinadas ações ou tarefas. Portanto, é fundamental, para o total sucesso do projeto, que a função do ambiente em questão esteja clara e definida. Só assim, os materiais e as formas poderão ser especificados correta e precisamente.

A forma deve adaptar-se à função, refletir e contribuir para o uso adequado do ambiente em questão. Entretanto, a função não é um determinante absoluto da forma resultante, já que diferentes formas podem atender a uma mesma função (por exemplo, diferentes formas de mesas atendem à função espaço de comer, diferentes formas de dormitórios atendem à função espaço de dormir).

MATERIAIS

Diferentes materiais podem limitar um designer ou inspirá-lo, dependendo de suas características e propriedades. Por exemplo, um material que não se adapte à forma desejada pode limitar ou bloquear uma ideia; já um material que apresente propriedades conhecidas e dominadas pelo designer pode ser fonte inspiradora para novas e criativas soluções.

TECNOLOGIA

A Revolução Industrial alterou a concepção dos métodos produtivos e possibilitou a concretização da produção em massa.

O conhecimento da tecnologia disponível é uma forma de liberação do processo criativo, pois pode viabilizar diferentes, inovadoras e ousadas soluções.

A automação completa ou parcial de uma residência também deve ser considerada e avaliada, já que é um dos contribuintes fortes de uma era guiada pela tecnologia.

ESTILO

O desenvolvimento tecnológico permite o aparecimento de novos materiais, como aconteceu com o acrílico, o plástico, o alumínio, etc. Materiais, tecnologia e estilo estão diretamente relacionados. Novos produtos, com diferentes características, possibilitam novas formas e, consequentemente, novos estilos que exploram as novas descobertas.

GLOBALIZAÇÃO E INTERNET

A internet rompe fronteiras e abre portas para uma globalização "sem limites". O acesso, "em tempo real", ao que está acontecendo no mundo certamente ampliou as possibilidades criativas. O que é produzido do outro lado do mundo já pode ser visto e adquirido num acionar de teclas. O perigo da "era da globalização" é criar uma geração sem identidade cultural, pois modismos podem ser fácil e rapidamente difundidos em diferentes culturas com diferentes necessidades e particularidades . Todo processo sempre apresenta os dois lados da moeda!

COMPONENTES CULTURAIS

Podem e devem influenciar o design. Serão essas as influências responsáveis pela individualidade e identidade de cada projeto. Cada povo, cada pessoa tem sua cultura, seu modo de ser, agir, pensar e viver, e essas características são fundamentais em cada parte do processo do design.

SUSTENTABILIDADE E ECOLOGIA

Segundo o *Moderno dicionário da língua portuguesa*, Michaelis:

> SUSTENTABILIDADE - *subst. fem.* (*sustentável + i + dade*). Qualidade de sustentável.

O conceito de sustentabilidade foi introduzido, no final dos anos 1980, por Lester Brown. De modo simplificado, uma comunidade sustentável seria a que se mantém e se abastece sem prejudicar gerações futuras. A poluição e o fim de recursos naturais tradicionais vêm forçando as sociedades a buscar soluções alternativas no que se refere a energia, materiais, recursos e mesmo no modo de pensar um projeto.

Ecologia – *subst. fem.* (*eco*^{3} + *logo*^{2} + *ia*^{1}). Parte da biologia que estuda as relações dos organismos com o ambiente, isto é, com o solo, o clima e outros organismos que povoam determinada zona da Terra; bionomia, etologia. *E. humana, Sociol:* estudo da distribuição dos homens no espaço, assim como das formas de interação que determinam essa distribuição. (Disponível em http://michaelis.uol.com.br/moderno/portugues.)

O design de hoje deve ser um "ecodesign", ou seja, um design que respeite a natureza e os recursos naturais evitando a poluição em todas as suas formas.

PRINCÍPIOS DO DESIGN

EQUILÍBRIO

Alcançamos o equilíbrio quando a capacidade dos elementos em chamar a nossa atenção e seus respectivos pesos visuais (elementos arquitetônicos ou mobiliário) neutralizam-se. Chamamos de peso visual o impacto psicológico causado por um elemento.

A luz natural é inconstante e interfere no modo como sentimos e vemos as coisas, podendo alterar a forma, a cor e o peso visual de um elemento no decorrer do dia. Portanto, considere a luz como fator importante numa composição.

Tipos de equilíbrio

- Equilíbrio simétrico: é uma forma passiva e formal de equilíbrio. É simples, fácil e rápido de reconhecer, pois, ao vermos um lado igual ao outro, lemos imediatamente essa solução como sendo correta e equilibrada. É usada em ambientes mais clássicos e formais. Essa forma de equilíbrio coloca toda a atenção no elemento central da composição, ao mesmo tempo que reduz visualmente sua dimensão. Portanto, devemos usá-la quando objetivamos atrair a atenção para um elemento específico.

FIG. 6 – EXEMPLO DE EQUILÍBRIO SIMÉTRICO.

- Equilíbrio assimétrico: é mais informal, dinâmico e espontâneo. Nessa forma de equilíbrio, um lado de um elemento é equivalente ao outro no peso, mas não na forma. Não existe uma fórmula para

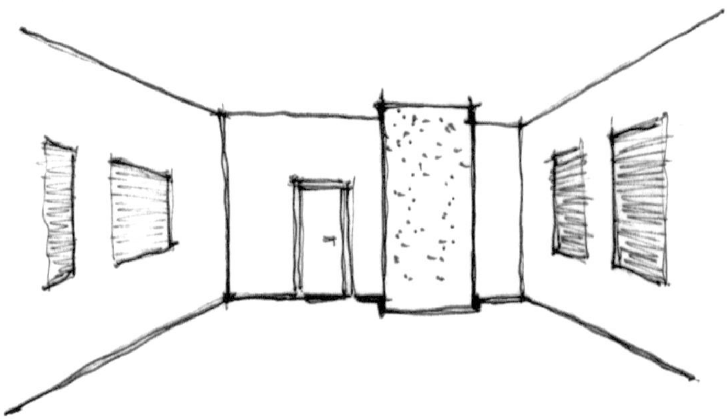

FIG. 7 – EXEMPLO DE EQUILÍBRIO ASSIMÉTRICO.

alcançá-lo, pois ele é totalmente livre e flexível. Deve ser usado quando se deseja amplitude e informalidade. É muito utilizado em paisagismo e no design contemporâneo. Sugere movimento, por ser menos óbvio do que o equilíbrio formal.

- Equilíbrio radial: a característica principal é o movimento circular que se direciona para ou se expande de um foco central. Menos importante do que os anteriores, o equilíbrio radial acrescenta um componente diverso na composição, sendo um contrapeso à retangularidade.
- O desequilíbrio proporciona uma sensação de instabilidade. Não é repousante e causa intranquilidade.

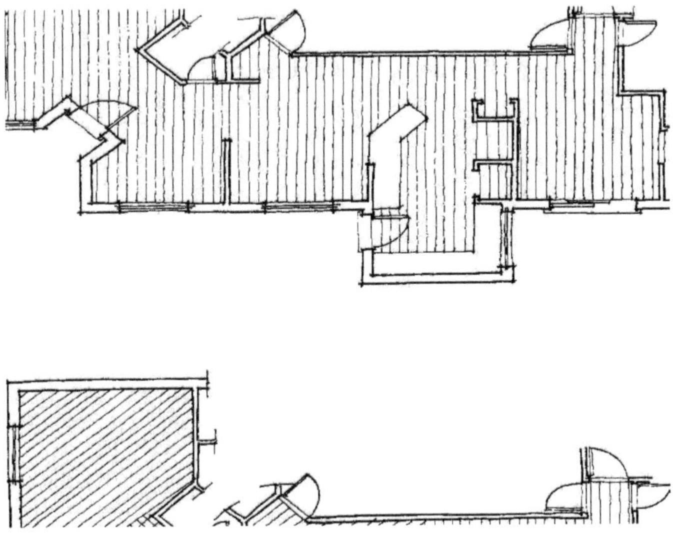

FIG. 8 – EXEMPLO DE EQUILÍBRIO RADIAL.

RITMO

A repetição de uma forma, de um elemento, ajuda a garantir coerência ao projeto. O ritmo pode ser definido como um movimento organizado, contínuo.

- Crie ritmo repetindo as cores ou as formas que dão caráter ao projeto.
- Repita de modo planejado, a fim de criar movimento e evitar que muita repetição torne o ambiente monótono. É óbvio que o pouco uso desse recurso não dá necessariamente unidade ao projeto.

Bom senso e vontade de dar ao projeto um caráter particular conduzem ao uso equilibrado do ritmo. Repita para surpreender, dar movimento, unir os espaços.

HARMONIA

Num projeto é importante manter a harmonia entre seus vários centros de interesse. O projeto não deve parecer uma junção de elementos unidos ao acaso, que competem entre si. Deve ser um todo, um conjunto de formas, cores, texturas, etc., que se relacionam e interagem.

UNIDADE

Já que a arquitetura estabelece o caráter de uma edificação, seu exterior deve refletir o que está dentro dele e vice-versa. Isso quer dizer que deve haver unidade entre o exterior e o interior de uma edificação. Esse mesmo conceito, aplicado à arquitetura de interiores, pede coordenação e continuidade para respeitar o caráter básico escolhido para o projeto.

ESCALA E PROPORÇÃO

São princípios relacionados com a forma e o tamanho dos elementos.

Escala

Refere-se ao tamanho absoluto de um elemento comparado a outros tamanhos absolutos (por exemplo, grandes móveis devem estar distribuídos em grandes espaços e ter grandes estampas). A escala que devemos considerar na arquitetura de interiores é a escala humana (as características físicas padrão de determinado povo - no nosso caso, as características do povo brasileiro - quanto à sua altura, tamanho, etc.). A casa deve ser projetada para "o homem", e na "escala" desse homem.

Proporção

É relativa, pois estabelece a relação entre as partes de um todo, uma parte e o todo, ou entre um todo e outro todo. Por exemplo, em relação à cor, para criarmos um cinza-escuro, misturamos preto e branco na proporção 2:1, ou seja, duas parte de preto para uma de branco. Já em relação ao tamanho, uma sala cuja proporção entre a largura e o comprimento não seja adequada pode parecer mais um corredor do que uma sala.

CONTRASTE

Uma lareira de tijolos aparentes, tendo como fundo uma parede lisa, chamará muito mais a atenção. Um elemento de inox será mais visível se o plano de fundo for de cor escura. O contraste, entre liso e texturizado, claro e escuro, brilhante e opaco, etc., deve ser explorado para se obterem resultados mais ricos e menos tradicionais.

ÊNFASE E CENTROS DE INTERESSE

É fundamental a presença de elementos que sobressaiam no contexto geral do projeto. O espaço será muito mais diversificado com centros de interesse que chamem a nossa atenção e atraiam nossos olhos. Pode ser uma lareira, uma parede redonda, uma escada de formato particular, uma janela que mostre um jardim, etc.

> A QUEBRA DA MONOTONIA E O FATOR SURPRESA ENRIQUECEM O PROJETO AO SURPREENDEREM NOSSOS OLHOS. EVITE DAR ÊNFASE A MUITOS DETALHES NUM MESMO AMBIENTE. EM VEZ DE CRIAR INTERESSE, O AMBIENTE PODERÁ PARECER SOBRECARREGADO E CONFUSO.

VARIEDADE

É sempre perigoso cair na monotonia quando se elabora um projeto. Variedade de linhas, formas, textura, cor e luz são fundamentais para conseguir um resultado interessante, dinâmico e particular. Um ambiente monótono cansa, é óbvio e nem um pouco criativo. Entretanto, muito cuidado para não fazer da variedade uma armadilha, com ambientes estressantes e descoordenados. Uma análise global do projeto, do conjunto, antes de sua execução, pode e deve ser o procedimento correto para evitar enganos.

PREVENÇÃO DE ACIDENTES

Ao projetar um ambiente, tome alguns cuidados visando a segurança das pessoas que o utilizarão. A escolha correta de materiais com o objetivo de evitar acidentes é indispensável num bom design.

Por meio de medidas preventivas podemos evitar erros de projeto, como superfícies escorregadias, falta de proteção nas janelas, objetos perigosos estocados em locais de fácil alcance, etc.

FOGO

Utilize materiais refratários nas lareiras e fornos de barro. Evite materiais inflamáveis próximo ao fogão, a aquecedores e aos quadros de força. Caso haja espaço para um workshop ou uma garagem para o reparo de motores ou barcos, projete um local adequado para a estocagem de inflamáveis.

Não economize na fiação elétrica. Utilize fios de bitola correta e de boa qualidade. Projete o número necessário de tomadas a fim de evitar sobrecarga. Utilize tomadas apropriadas nas áreas externas e molhadas. Caso seja necessário, redimensione seu quadro de força. Consulte um engenheiro elétrico e contrate um eletricista de sua total confiança. Instale detectores de fumaça pela residência.

ÁGUA

Escolha corretamente os materiais para as áreas molhadas a fim de evitar escorregões e possíveis quedas. Lembre-se de que quanto mais brilhante for a superfície maior o risco de escorregão. Certifique-se da existência e do perfeito funcionamento dos termostatos dos aquecedores de água das banheiras e dos chuveiros. Projete corretamente a captação da água pluvial, evitando que ela entre na casa e que a área externa se transforme numa verdadeira piscina após uma chuva.

AR

Instale exaustores na cozinha e nos banheiros onde não exista boa circulação de ar. Portas-venezianas podem dar uma ajuda a mais na circulação do ar. Garanta que as janelas possam ser abertas mesmo com a existência de ar-condicionado e mantenha limpos os filtros dos aparelhos.

É importante que o ar circule pelos ambientes; portanto, estude corretamente onde posicionar janelas e portas. Cuidado ao locar o fogão para que ele não fique numa corrente de ar, o que poderia causar o apagamento da chama, com perigo de vazamento de gás.

QUEDAS

Evite desníveis desnecessários no piso, principalmente entre a cozinha e a área de refeições. Caso faça uso desse recurso, sinalize bem o degrau utilizando diferentes materiais, cores ou formas. Procure não instalar materiais muito lisos, e consequentemente escorregadios, próximo às portas de acesso externo. Podem ser um perigo em dias de chuva.

Projete as escadas de modo a garantir total segurança, observando o tamanho dos pisos, a altura dos espelhos, a inclinação e os materiais. Utilize corrimãos sempre que possível, bem como patamares em escadas longas. Coloque interruptores em paralelo no início e no final das escadas.

Cheque a altura dos peitoris das janelas. Se necessário, acrescente barras de proteção. Portas de vidro temperado devem ser sinalizadas para evitar choques. Contra a luz, são dificilmente percebidas, tornando-se alvo fácil para acidentes.

SEGURANÇA

Instale equipamentos que garantam a segurança dentro das residências. Câmeras externas, alarmes, intercomunicadores, grades, portas maciças ou qualquer outro equipamento que supra as necessidades específicas de cada projeto. A tecnologia moderna colocou no mercado incríveis equipamentos controlados e acionados por telefones celulares. Mais uma vez, a pesquisa é a única forma de conseguir um projeto que ofereça o que há de mais moderno e eficiente.

ESCOLHA DE MATERIAIS

A escolha correta depende principalmente de nosso conhecimento quanto ao universo de materiais que existem no mercado e se adaptam ao ambiente em questão. Na maioria das vezes, por total desconhecimento da tecnologia e dos materiais disponíveis, utilizamos soluções antigas e ultrapassadas, caindo em resultados pouco criativos e repetitivos. É importantíssimo que, ao escolher um material para determinada superfície, se efetue uma minuciosa pesquisa entre todas as soluções possíveis. Analisar as características de cada material é indispensável para uma escolha correta e que atenda às necessidades básicas e gerais dos ambientes.

A priorização das características dos diferentes materiais em análise dependerá do ambiente e da superfície onde serão utilizados. Por exemplo, num banheiro, as características antiderrapantes do piso devem prevalecer sobre as estéticas ou mesmo sobre o custo do material. Outro fator importante é sua manutenção. Muitas vezes um projeto pode parecer perfeito, mas, quando se considera a manutenção, percebe-se que é absolutamente um desastre. Longos e altos painéis de vidro para a iluminação interna e incorporação da paisagem podem tornar-se um problema de limpeza maior do que o prazer da vista. Portanto, ao planejar um pé-direito muito alto, uma cobertura em vidro ou policarbonato, ou qualquer outra solução diferente do usual, analise a manutenção das superfícies projetadas.

CARACTERÍSTICAS DOS MATERIAIS

- Funcionais: durabilidade, resistência, manutenção, aspectos térmicos, acústicos e antiderrapantes.
- Estéticas: forma, dimensões, cores, texturas, padrões e acabamento.

- Econômicas: custo e relação custo-benefício.
- Sustentáveis: referentes a quanto preservam a natureza, à quantidade de poluição gerada para sua fabricação, aos componentes recicláveis, etc.

DESIGN INCLUSIVO (PARA PESSOAS QUE NECESSITAM DE CUIDADOS ESPECIAIS)

Crianças, idosos, pessoas com mobilidade reduzida e deficientes físicos pertencem à categoria das pessoas que necessitam de cuidados especiais e, consequentemente, um design politicamente correto, que lhes garanta segurança, conforto e bem-estar.

A Norma Técnica NBR 9050/04 da ABNT (Acessibilidade a edificações, mobiliário, espaços e equipamentos urbanos) é a melhor aliada de projetistas, já que contém toda a orientação necessária relativamente ao assunto.

Segundo confirma a arquiteta Silvana Cambiaghi,[1] o Brasil possui uma das mais avançadas legislações referentes à promoção da acessibilidade às pessoas deficientes físicas (Lei Federal nº 10.098 de 2000, regulamentada em 2004 pelo Decreto nº 5.296).

O deficiente total parcial ou qualquer outra pessoa dependente de cadeira de rodas necessita de circulação que permita seus movimentos. As portas, os banheiros e as demais dependências devem receber atenção especial quanto às dimensões e à instalação de equipamentos de apoio que facilitem a sua vida. Interruptores e tomadas devem ser de fácil acesso.

---

[1] Silvana Cambiaghi, *Desenho universal: métodos e técnicas para arquitetos e urbanistas* (São Paulo: Editora Senac São Paulo, 2007).

O deficiente parcial tem locomoção insegura e difícil, e pode ou não utilizar aparelhos. Para ele, também são necessárias dimensões diferenciadas.

Rampas de acesso que facilitem vencer diferenças de nível, equipamentos instalados segundo medidas antropométricas adequadas, materiais de revestimento que facilitem a locomoção e garantam a segurança são alguns dos cuidados a serem tomados.

Algumas considerações de projeto

- Facilite a abertura das portas e evite portas vaivém (bang-bang) onde houver crianças.
- Certifique-se da altura correta e segura do peitoril das janelas.
- Sinalize portas e painéis de vidro.
- Evite superfícies pontiagudas nos dormitórios, banheiros e cozinhas.
- Considere larguras especiais para a circulação e os movimentos que devem ser realizados em cada ambiente.
- Verifique a altura dos espaços de armazenamento bem como das bancadas de trabalho.
- Evite desníveis de piso desnecessários e sinalize os inevitáveis.
- Instale rampas de acesso com inclinação adequada.
- Utilize corrimãos e gradis nas escadas.
- Planeje cuidadosamente os banheiros.
- Instale barras de segurança onde necessário.

- Escolha adequadamente os materiais de revestimento de piso.
- Instale dimmers para o controle da iluminação bem como acendimento por célula fotoelétrica quando necessário.
- Instale detectores de fumaça e fogo.
- Mantenha ventilação adequada próximo dos aquecedores a gás.
- Instale campainhas nos banheiros e junto às camas.
- Proteja as crianças das tomadas baixas.

2 ESPAÇO

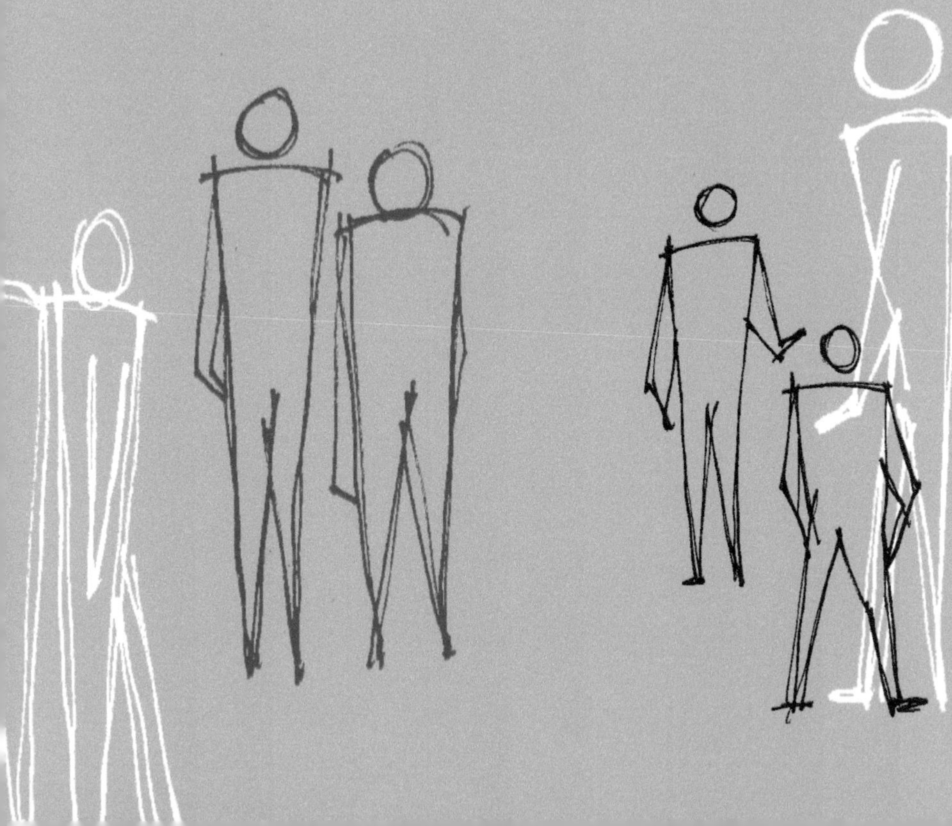

Segundo o *Grande dicionário etimológico-prosódico da língua portuguesa*:

Espaço - *Subst. masc.* Extensão em que se move o universo. Distância que vai de um corpo a outro. Lat. *spatium*. Deriv. Espaçamento. *Subst. masc.* Prolongação do espaço. Suf. mento. Espaçar. *V.t.* Aumentar a distância entre dois corpos. Suf. ar. Espacear. *V.t.* O mesmo que o espaçar. Suf. ear. Espajear. *V.t.* O mesmo que o precedente. Suf. ejar. Espacejamento, o mesmo que espaçamento.[1]

O espaço que discutimos neste livro, como já foi esclarecido, é o espaço compreendido entre as paredes, o teto e o piso de um ambiente ou de uma casa. É o local onde moramos, desenvolvemos várias atividades, enfim, vivemos.

ZONEAMENTO

O espaço habitável é composto por duas zonas diretamente relacionadas: zona social e zona privativa, interligadas por elementos de interligação.

---

1 Francisco da Silveira Bueno, *Grande dicionário etimológico-prosódico da língua portuguesa* (São Paulo: Saraiva, 1965).

Em cada uma das diferentes zonas, encontramos áreas com diferentes funções e necessidades, e que se relacionam conforme exigências de funcionalidade, sequência lógica e circulação.

TIPOS DE ZONAS

Zona social

É composta pelas áreas sociais (salas de estar, almoço/jantar, jogos, TV, lavabo, varandas, etc.) e pelas áreas de trabalho (cozinha, copa, lavanderia, workshops, escritórios, sala de estudo, etc.).

Zona privativa

Compreende os espaços privativos de uma residência (dormitórios, salas íntimas e banheiros).

Elementos de interligação

Podem ser corredores, halls ou galerias.

Cada área pode ser subdividida em subáreas, conforme a função e as respectivas necessidades de cada ambiente. Por exemplo, a sala de estar pode conter espaços para conversação, leitura, relaxamento, etc. O dormitório, além do ambiente para dormir, pode conter áreas para estudar, ver tevê, vestir, brincar, etc. As subáreas dependem diretamente da rotina do indivíduo que ocupará o espaço, de suas necessidades e características pessoais.

CIRCULAÇÃO

É imprescindível que estudemos com atenção as interligações existentes nas áreas e subáreas e entre elas. Só assim seremos capazes de planejar uma circulação que funcione e que possibilite acesso fácil aos diferentes ambientes.

Não devemos, por exigência estética, criar caminhos tortuosos ou mesmo soluções inúteis. Uma boa circulação ajuda a otimizar o espaço eliminando longos corredores e evitando espaços perdidos.

TIPOS DE CIRCULAÇÃO

Natural

Chamamos de natural a circulação que flui sem problemas, sem desvios, "naturalmente".

Forçada

É quando nos desviamos do caminho natural por motivos funcionais ou estéticos. Devemos usar, neste caso, elementos que redirecionem o fluxo, ou seja, alguns sinalizadores, como diferentes materiais no piso, cores, tapetes, alternância de alturas no teto, ou mesmo iluminação adequada.

EFEITOS PSICOLÓGICOS

As pessoas reagem diferentemente a diferentes estímulos visuais. O que para um indivíduo é agradável e relaxante pode ser considerado monótono para outro.

O espaço deve contribuir positivamente para o bem-estar de quem o ocupa. Portanto, escolha o tipo de iluminação, materiais, cores, formas e texturas cautelosamente, buscando harmonia.

NECESSIDADES BIOLÓGICAS

Nosso organismo funciona diferentemente no decorrer do ano, do dia ou mesmo da hora. Luz natural, ventilação nos ambientes, umidade no ar, aquecimento nos dias frios, resfriamento nos dias quentes ou ainda escuridão para dormir, são algumas das necessidades do nosso organismo.

Quando projetamos um ambiente ou uma casa, devemos levar em conta nossas necessidades biológicas e incluir soluções criativas e eficazes para um resultado agradável e confortável.

CONFORTO AMBIENTAL

É fundamental a utilização de soluções eficientes para manter as edificações de acordo com os padrões de conforto. Desde o início da existência humana, o homem procura abrigo contra as adversidades do tempo. Podemos dizer que a sensação de bem-estar está ligada à sensação de segurança, e que o conforto pode ser definido como um "estado de espírito".

Lembre-se de que há tecnologia disponível para alterar quase qualquer característica de um ambiente. Entretanto, é bom lembrar que as condições climáticas que afetam uma edificação alteram-se no decorrer de um dia, além de variarem bastante dependendo do país, do estado e da cidade.

Mais e mais países buscam, por meio de legislação específica, garantir que as edificações assegurem aos usuários maior conforto térmico e sonoro no inverno ou no verão. A arquitetura de interiores contribuirá bastante com a escolha correta dos materiais com diferentes massas térmicas, com o posicionamento de janelas e portas para garantir ventilação cruzada (Design Passivo), etc.

TEMPERATURA

O período de maior insolação nas edificações ocorre das 10 horas da manhã às 2 horas da tarde.

Muitas vezes, a solução para conseguir um bom desempenho térmico não é única. No inverno, devemos evitar que o ar quente saia dos ambientes, enquanto no verão, não podemos deixar o calor externo entrar nos ambientes.

Para alterar a temperatura ambiente, podemos, entre outros, utilizar ar-condicionado, lareira ou exaustor, além de soluções acopladas diretamente à construção da edificação, como janelas posicionadas corretamente, mantas térmicas, tijolos maciços, etc.

O avanço tecnológico permite inovações consideráveis, como a instalação do aquecimento sob o pavimento ou sob qualquer outra superfície arquitetônica existente no espaço e que venha a ser revestida de madeira, cerâmica, mosaico de vidro, mármore ou cartão gesso. O sistema de aquecimento ou resfriamento de ambientes integrado diretamente ao forro de gesso suspenso também pode melhorar o rendimento térmico dos ambientes.

Devemos buscar soluções econômicas do ponto de vista financeiro e principalmente energético. A aplicação dos princípios do Design Passivo poderá ajudar muito no alcance de soluções eficientes. O projeto final deve ser um exemplar único e particular. Criatividade e pesquisa são ingredientes fundamentais e indispensáveis para chegar a soluções singulares.

QUALIDADE DO AR

Ar puro e circulante é fundamental em qualquer ambiente saudável.

O posicionamento correto de janelas, ventiladores, portas, venezianas ou exaustores ajuda na circulação e renovação do ar de um ambiente.

A manutenção nos filtros do aparelho de ar-condicionado é fundamental à saúde.

Verifique qual é a área mínima necessária para ventilação em cada ambiente no código de edificações e/ou nas normas e leis vigentes em sua cidade ou seu estado.

CONTROLE SANITÁRIO

É ditado por normas técnicas e pelo bom senso. O código de edificações e os órgãos regionais de controle fornecem as normas e leis que visam garantir saúde e segurança quanto à qualidade da água e à localização das coletas de esgoto. Todas as normas devem ser criteriosamente seguidas para evitar a contaminação da água. Verifique no seu estado e na sua cidade quais os órgãos responsáveis pelas diretrizes a serem seguidas.

LUZ

Elemento fundamental para o bem-estar físico e mental daqueles que fazem uso de determinado ambiente.

O posicionamento de janelas, portas, domos, pérgolas, etc., é fundamental para assegurar a necessária luz natural. A escolha adequada dos materiais de acabamento garante a boa reflexão da luz. Analise criteriosamente cada um deles.

A luz artificial deve ser amplamente utilizada para maior conforto e comodidade. Mais uma vez, lembre-se de que existem normas que regulamentam a iluminação mínima necessária em cada ambiente, dependendo de sua utilização.

Cada vez mais países optam pela utilização somente de lâmpadas fluorescentes (mais econômicas) e LEDs nos espaços internos, proibindo definitivamente a utilização das lâmpadas incandescentes tradicionais.

SOM

Relaxar em um ambiente se torna impossível quando escutamos, ao fundo, o som dos automóveis que passam na rua. Conversar torna-se impraticável com música alta vinda de outro ambiente.

A compreensão correta da utilização de cada ambiente a ser projetado, a escolha apropriada de materiais de revestimento e o posicionamento adequado de janelas e portas podem facilmente evitar ou corrigir problemas acústicos.

ECOLOGIA E SUSTENTABILIDADE

Não é aceitável nenhum tipo de comportamento que desrespeite a natureza. Da limpeza do terreno à utilização dos materiais, devemos ser conscientes e preservar o que ainda nos resta. Um projeto ecologicamente correto deve ser o objetivo principal.

Soluções únicas aparecem quando preservamos árvores centenárias, incorporando-as ao design das edificações. Utilize na construção madeiras provenientes de reflorestamento.

O consumo de energia também é uma preocupação com a preservação; portanto, componentes que consumam menos energia devem fazer parte da solução final. A tecnologia de ponta utilizada no desenvolvimento de produtos para a construção civil é tendência mundial.

Fabricantes de peças sanitárias, torneiras e chuveiros, preocupados com o aumento populacional, com a crescente demanda no consumo de água e com a diminuição do volume de água em nossos mananciais, vêm desenvolvendo soluções mais adaptadas à atual realidade para de fato diminuir o consumo de água. Caixas acopladas, com consumo de água reduzido e seleção da quantidade de água a ser utilizada, bem como torneiras com acionamento fotoelétrico ou dispositivos que regulem a quantidade de água utilizada, são alguns exemplos de materiais de acabamento com preocupação ecológica existentes no mercado. Devem fazer parte de projetos que busquem um design ecologicamente correto.

3

ELEMENTOS CONSTRUTIVOS

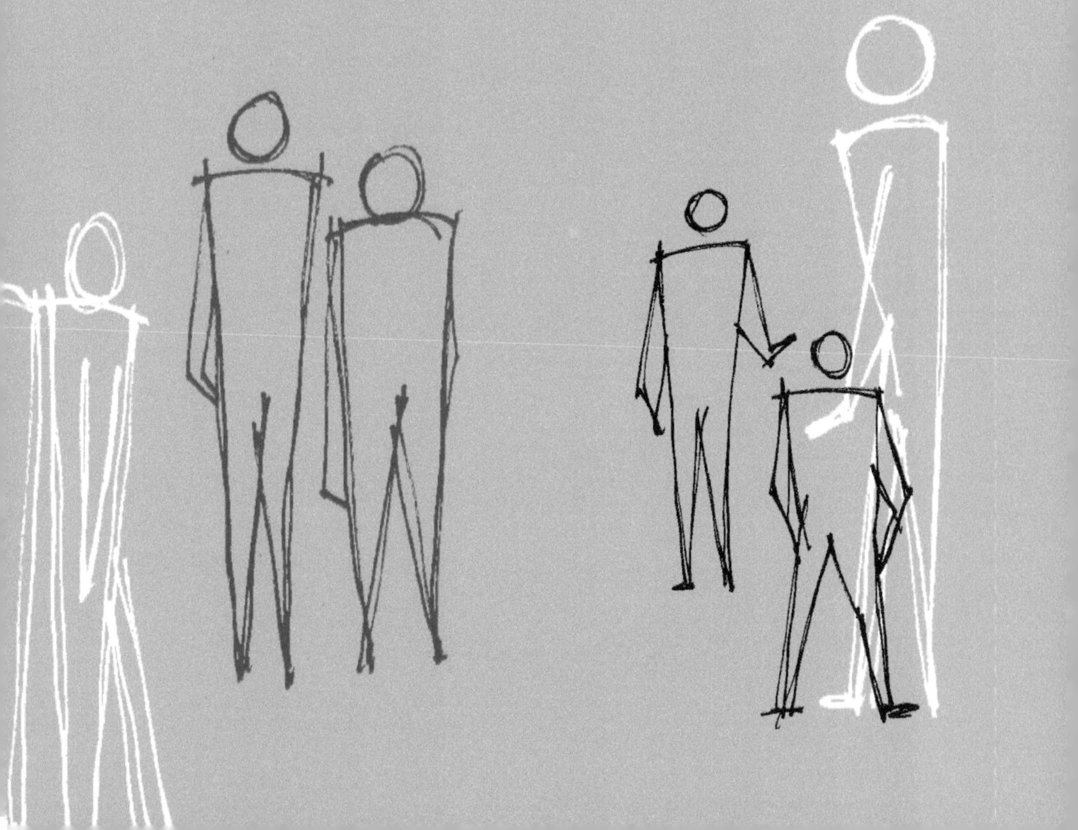

PAREDES

Elementos estruturais e/ou de vedação ajudam no isolamento térmico e acústico, garantem privacidade e delimitam áreas. Podem ser erguidas em diferentes materiais, como tijolos de barro ou de vidro, blocos de cimento, pedras, elementos vazados, madeira ou gesso. Cada um deles apresenta características térmicas, acústicas, dimensões e texturas diferenciadas.

DEPENDENDO DA FUNÇÃO QUE A PAREDE DESEMPENHARÁ, UM MATERIAL SERÁ MAIS VANTAJOSO DO QUE OUTRO, E A ESPESSURA SERÁ DIFERENTE.

Diferentes texturas e formas acrescentam novos elementos ao projeto. Paredes em ângulos podem criar movimento e surpreender o olhar.

Podemos construir paredes com a altura total do pé-direito, para vedação completa do ambiente; meias paredes, com altura entre 160 cm e 180 cm, para vedação parcial; ou ainda paredes baixas, com 80 cm/100 cm, que podem ser utilizadas como divisórias e não comprometem o espaço.

ALGUNS MATERIAIS

Tijolo à vista

Acrescenta textura ao ambiente. Está associado a ambientes mais descontraídos e informais. Pode ser pintado, impermeabilizado para evitar bolor na superfície (caso esteja em contato com água ou umidade) ou utilizado ao natural. Por apresentar textura bem recortada, pode pesar no ambiente. Portanto, use com cuidado e dose bem o impacto visual da superfície onde for aplicado, evitando assim sobrecarregar o espaço.

Pedra

Pode acrescentar um diferenciador e deve ser usada com moderação. Deixa o clima mais informal e dá um caráter muito particular aos ambientes. Mais apropriada para um painel ao fundo de um jardim interno ou para um banheiro grande e espaçoso. Algumas variedades apresentam textura forte. Use em casas de campo ou de praia, ou onde a atmosfera desejada seja absolutamente informal. Evite pintá-las. Use esse recurso como última hipótese.

Madeira

Estruturas de madeira e lambris podem ser utilizadas como paredes divisórias. Caso necessite de vedação térmica e acústica, utilize revestimentos e enchimentos apropriados. É muito mais fácil instalar uma porta de correr embutida na parede se esta for de madeira. Menos trabalho e melhor acabamento são alguns dos benefícios.

São enormes as variedades de revestimento de madeira para paredes. Vão desde o estilo mais formal até o mais moderno e contemporâneo. Opte por madeiras provenientes de reflorestamento.

Elementos vazados

Dividem o espaço, mas com pouca privacidade. Leves e de diferentes formas e tamanhos, podem acrescentar movimento ao projeto. Ideal para ambientes que necessitem de maior ventilação.

Gesso

É rápido erguer paredes de gesso, assim como, em caso de necessidade, removê-las. Elas podem receber diferentes revestimentos e apresentam propriedades acústicas razoáveis. De espessura mais fina e mais leve do que as de tijolos, são ideais para ambientes pequenos, ou onde a sobrecarga na estrutura deva ser evitada.

Tijolo de vidro

Muito versátil, pode ser usado em meias paredes, paredes inteiras ou, ainda, como elementos decorativos em paredes de gesso ou alvenaria. Existem tijolos de vidro vazados, lisos ou foscos, que permitem a passagem de luminosidade e, se necessário, de ventilação. De textura agradável e leve, embora mais informal, pode criar uma atmosfera bem sofisticada.

Tradicionalmente com espessura de 10 cm, pode também ser encontrado com 5 cm, e em diferentes cores, texturas e acabamentos. É ideal para paredes divisórias de banheiros, copas, closets ou qualquer outro ambiente onde seja preciso dividir sem diminuir a luminosidade. Pode desempenhar papel importante de vedação em ambientes face sul, onde permite a passagem de luminosidade em grande quantidade.

Vidro

Muito utilizado pelos arquitetos contemporâneos em fachadas, também é possível encontrá-lo internamente para separar ambientes sem obstruir a visão. Os tipos de vidro a ser aplicados são bastante variados, facilitando o resultado criativo. A tecnologia já possibilita a utilização de grandes painéis móveis, o que ajuda na composição e integração de espaços.

Fibrocimento

Sistemas construtivos como o Enterplac Wood e o Pratic Wall, fabricados pela Eternit, permitem construir paredes de modo bem mais simples, rápido e limpo. Com alta resistência a impacto, permitem resultados compositivos personalizados, já que podem ser adquiridos em diferentes padronagens ou ainda receber pintura. Agilizam reformas graças a sua praticidade.

PISOS

Representam parte importante da composição espacial e devem ser tratados com atenção. Um piso monocromático é o indicado para áreas pequenas.

Quanto mais optamos por materiais de cores e texturas diferentes, mais retalhamos o projeto, diminuindo a sensação de amplitude de um ambiente. Abuse dessa opção em áreas amplas, onde seja necessário setorizar os ambientes sem a utilização de paredes. Nesse caso, podemos também elevar ou rebaixar a altura dos pisos, criando diferentes áreas para diferentes atividades. Evite diferenças de piso entre a cozinha e as salas de almoço ou jantar. Lembre-se de que sempre haverá alguém carregando pratos e travessas entre esses ambientes.

Compor o teto e o piso ao mesmo tempo é uma solução mais cara, e, dependendo dos materiais escolhidos para as superfícies, o ambiente pode

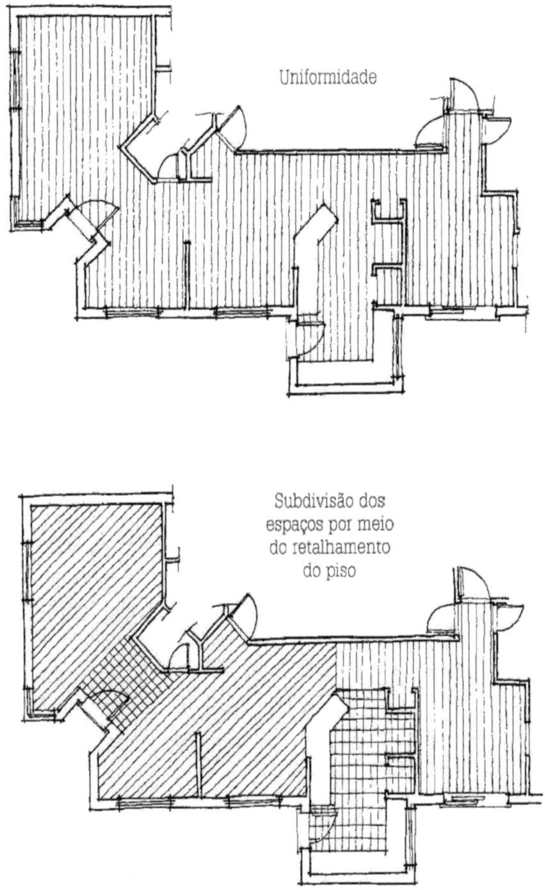

FIG. 9 – POR MEIO DO PISO PODEMOS REDUZIR VISUALMENTE A ÁREA GERAL DE UMA CASA SE UTILIZARMOS DIFERENTES CORES E/OU TEXTURAS NOS DIFERENTES AMBIENTES. PARA A AMPLIAÇÃO DO ESPAÇO GERAL DE UMA RESIDÊNCIA, UNIFORMIZE OS MATERIAIS QUANTO ÀS CORES, TEXTURAS, ETC., EVITANDO GRANDES CONTRASTES.

ficar comprometido e carregado. Ao rebaixar os dois, piso e teto, procure neutralizar um pouco os revestimentos. Dependendo das cores e texturas escolhidas, o resultado poderá ser caro, confuso e pouco eficiente. Elevar o teto e rebaixar o piso pode causar sensação de ampliação brusca e pouco aconchego. Já rebaixar o teto e elevar o piso pode diminuir um ambiente. Procure evitar essa solução em espaços pequenos.

O material para os diferentes pisos deve ser escolhido levando-se em conta também a incidência de sol sobre ele. Alguns materiais com massa térmica aquecem sob o sol forte, retêm o calor e depois soltam-no devagar quando a temperatura do ambiente é menor que a do material. Por isso, escolha materiais sem massa térmica em climas quentes e opte por opções com massa térmica em climas frios (Design Passivo). Onde não houver problemas com a incidência do sol, podemos escolher os materiais segundo o tato: carpetes, madeiras, laminados e vinílicos podem ser utilizados em ambientes mais frios; já mármores, granitos e cerâmicas, em locais mais quentes.

Os rodapés são utilizados para proteger as paredes de marcas de utensílios de limpeza ou de móveis, ao mesmo tempo que dão acabamento e arremate. Devem, preferencialmente, seguir o mesmo material do piso, embora soluções com materiais diferentes fiquem muitas vezes interessantes. Pintá-los da mesma cor das paredes pode fazer com que desapareçam visualmente.

DIFERENTES PROPOSTAS COM DIFERENTES MATERIAIS

São inúmeros os materiais disponíveis, e, a cada ano, novos produtos são introduzidos no mercado. Segue aqui uma pequena relação dos mais utilizados. Lembre que a pesquisa de novas soluções e produtos é a alma do projeto e que a busca por materiais feitos com a utilização de reciclagem e com menor consumo de energia é uma tendência.

Assoalho de madeira

São várias as opções que encontramos ao utilizar madeira. Em diferentes cores e tamanhos, ela possibilita infindáveis variações. Tacos, parquês ou tábuas dão aconchego e ajudam a aquecer o visual. Opte por madeira proveniente de reflorestamento.

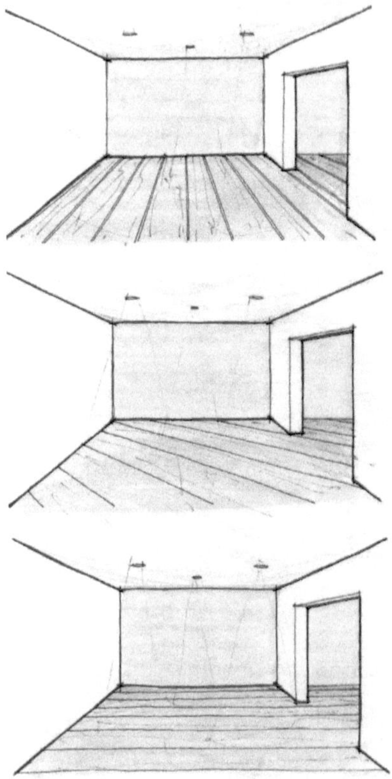

FIG. 10 – AS LINHAS UTILIZADAS NO PISO TAMBÉM PODEM DESEMPENHAR PAPEL IMPORTANTE NA NOSSA PERCEPÇÃO ESPACIAL. CONSIDERE ESSE FATOR QUANDO FOR DEFINIR COMO DEVERÁ SER ASSENTADO O PISO, EM RELAÇÃO À PORTA DE ENTRADA (RETO, DIAGONAL OU TRANSVERSAL). VOCÊ PODE ALARGAR, ENCOMPRIDAR OU AMPLIAR UM AMBIENTE AO COMPOR COM LINHAS.

Assentados em forma diagonal, longitudinal, transversal, em espinha de peixe, tabuleiro de dama ou compondo diferentes desenhos, requintam os ambientes.

Sinteco, resina Bona, resinas em geral, pátina, clareamento ou ebanização são tipos de acabamentos que aumentam ainda mais a diversidade das composições. Lembre-se de que acabamentos mais foscos riscam menos e dão maior sensação de aconchego. Observe que, para cada tipo de assoalho, é necessária uma preparação diferenciada do contrapiso.

Carpete de madeira

Desde pisos de baixa qualidade até os mais resistentes como assoalhos, são inúmeras as variações encontradas no mercado. De fácil aplicação, podem ser adquiridos já acabados, com verniz. Material que tem evoluído muito nos últimos anos, permite diferentes composições, com rapidez de instalação e custo razoável.

Laminado

Prático, de fácil manutenção e resistente, pode ser encontrado em diferentes tamanhos, cores e padrões. Garantia e qualidade variam conforme o fabricante. A instalação de manta de borracha sob o laminado auxilia na absorção dos ruídos causados pelo caminhar sobre sua superfície. Opte pelo fabricante que utilize madeira de reflorestamento.

Aquece o visual e é de fácil instalação. Ideal para qualquer ambiente, exceto aqueles que recebem umidade.

Pisos vinílicos

Simples de instalar, necessitam de um contrapiso com perfeito acabamento, sem relevos ou buracos. Ajudam na absorção do som, são práticos e fáceis de manter e podem ser encontrados em diferentes cores, padronagens e espessuras, em rolos, quadrados ou ainda em faixas de diferentes comprimentos. Foram muito utilizados há alguns anos, voltando com qualidade bastante superior às antigas versões. Alguns fabricantes oferecem opções à prova d'água, que podem ser instaladas em banheiros e cozinhas.

Borracha e emborrachado

Ideal em quartos de crianças ou de brinquedos, salas de ginástica, escritórios, vestiários, banheiros ou mesmo em qualquer ambiente de atmosfera descontraída ou de grande circulação. Pode ser colorido e alegre ou neutro e sóbrio. De fácil aplicação, antiderrapante, resistente, impermeável é um bom isolante térmico. Ajuda a reduzir os ruídos e permite desenhos diferentes e criativos.

Carpete

Boa opção para ambientes que devem ter tratamento acústico mais aprimorado. Aquece visual e fisicamente os ambientes, e é muito versátil graças aos vários padrões e materiais com que é fabricado. Pode ser utilizado em qualquer tipo de ambiente. O carpete sem emenda, apesar do custo mais elevado, valoriza o ambiente e permite infindáveis composições de cores, padrões, alturas e texturas.

Pessoas com problemas de alergia devem recorrer a carpetes antialérgicos, antifúngicos e de baixa espessura. O tipo buclê é recomendado para áreas de maior tráfego, pois seus fios são mais resistentes do que os dos carpetes convencionais.

Atenção para grandes corredores cheios de portas e que, ao serem abertas, exibem diferentes cores, padrões e tipos de carpetes. Mantenha harmonia e coerência entre eles.

Mármore e granito

Encontrados em vários padrões e cores, são frios e, se usados em demasia, podem deixar a atmosfera do ambiente um pouco pesada. Adquiridos em placas quadradas (versão mais econômica) de 30 cm × 30 cm ou de 40 cm × 40 cm, ou cortados conforme o projeto requeira, constituem um piso prático e ideal para climas quentes. Opções de placas de mármore de 10 cm × 10 cm, 5 cm × 5 cm ou 2 cm × 2 cm também são encontradas, porém com custo muito mais elevado. Podem ser criados pisos absolutamente magníficos quando são utilizadas peças grandes e, em casos mais sofisticados ainda, com a recomposição perfeita do desenho dos veios originais da lâmina bruta.

Podem receber diferentes acabamentos (polido, apicoado, levigado ou flameado), ou produtos, que deixam sua superfície parcialmente antiderrapante. Para quebrar a frieza desses materiais podem, por exemplo, ser utilizados com materiais mais quentes, como a madeira, ou em textura mais rústica.

O granito tem textura visual (padronagem) mais pesada e menos porosa do que o mármore, sendo, portanto, mais indicado para bancadas de cozinhas e respectivas áreas molhadas. Escolha pela textura e pela cor.

De textura mais suave, mármores como o de Carrara ou Nero deixam o ambiente com um caráter nobre e sofisticado. Atente para a porosidade do material e a vulnerabilidade a certos produtos de limpeza, como, por exemplo, o suco do limão, que danifica a sua superfície.

Granilite

Versátil e resistente, foi muito utilizado nos anos 1950 e 1960. Dá personalidade ao ambiente e pode ser usado em qualquer área. Atente para o fato de que pode deixar o espaço frio (visual e fisicamente). Para evitar isso, recorra aos tapetes no inverno, que esquentam, além de tornar aconchegantes os ambientes.

Pedra

Tem seu charme, mas deve ser utilizada em estilos mais rústicos e informais. Deixa o ambiente acolhedor e aconchegante. Uma resinagem pode prevenir o aparecimento de manchas. Entretanto, procure evitar acabamentos brilhantes. Em grandes áreas de piso, composições com madeira podem se resultar atraentes e criar movimento.

Piso cimentado, cimento queimado e placas cimentícias

Basicamente, o piso de cimento substitui o piso de terra batida como opção barata e simples. É um revestimento versátil e informal, possibilitando infinitas composições e soluções personalizadas.

Já o cimento queimado (cimento branco, aditivo plastificante, pó de mármore e acabamento em resina acrílica) requer mão de obra especializada para evitar trincas e obter acabamento final perfeito; pode ser adquirido em kits prontos. Como juntas de dilatação, podem ser utilizados ladrilhos hidráulicos, refratários, mosaicos de vidro, madeira ou qualquer outro material, além de juntas plásticas específicas para essa função.

Pisos cimentícios, comprados em placas, são encontrados tanto industrializados como em produção artesanal. Disponíveis em diversos padrões e texturas, como liso, seixo, madeira, etc., podem compor ambientes, além de permitir variação de tonalidade, fornecida pelos fabricantes. São antiderrapantes e atérmicas.

Cimento queimado

Revestimento versátil e informal, possibilita infinitas composições e soluções personalizadas. Requer mão de obra especializada para evitar trincas. Como juntas de dilatação, use ladrilhos hidráulicos, refratários, mosaicos de vidro, madeira ou qualquer outro material. Para um piso mais claro, adicione pó de mármore.

Cerâmica, porcelanato, pastilhas e mosaicos de vidro

Também são elementos que esfriam o ambiente. A cerâmica e o porcelanato podem ser encontrados em diferentes padrões e dimensões, o que os tornam muito versáteis. É uma opção ideal para climas quentes. O porcelanato apresenta custo bem mais alto do que a cerâmica, bem como maior durabilidade. Verifique a dureza e as propriedades antiderrapantes do material antes de definir o produto.

Alguns fabricantes já desenvolveram o porcelanato produzido de material reciclado, o que o torna mais "eco friendly" (amigo da natureza).

Podem-se também encontrar chapas de porcelanato para aplicar sobre outros revestimentos, evitando gastos desnecessários com a remoção do revestimento antigo. Ainda que de custo muito superior graças à nova tecnologia empregada em sua produção, esse material transforma as "longas quebras e pilhas de entulho" em coisa do passado, principalmente nas obras de reforma em apartamentos.

Pastilhas e mosaicos de vidro podem criar uma atmosfera jovem, informal e moderna. Diferentes cores, padrões, dimensões e texturas possibilitam infindáveis composições.

As pastilhas e os mosaicos de vidro deixam a atmosfera mais jovem, informal e moderna. Diferentes cores possibilitam infindáveis composições. Utilize mão de obra competente, pois nada é mais lamentável do que um piso de pastilhas ou mosaicos mal colocado. O preço e as opções de cores variam conforme o fornecedor. A tonalidade escolhida para o rejunte pode alterar completamente a cor final de um piso. Portanto, certifique-se, antes de rejuntar a composição, de que o resultado será o desejado.

EXAMINE COM ATENÇÃO O ACABAMENTO QUE DESEJA COLOCAR, EVITANDO SUPERFÍCIES MUITO BRILHANTES EM ÁREAS MOLHADAS, COMO BANHEIRO E COZINHA. O BRILHO, NA MAIORIA DAS VEZES, ACOMPANHA UMA SUPERFÍCIE TOTALMENTE IMPERMEABILIZADA E, CONSEQUENTEMENTE, BASTANTE ESCORREGADIA.

PORTAS

Peça importante e fundamental, a porta determina os trajetos internos de uma construção. Deve facilitar e organizar o acesso entre os diferentes cômodos. Remova portas dispensáveis, permitindo uma circulação mais livre e desbloqueada.

Estude a colocação das portas também seguindo a orientação do Design Passivo,[1] favorecendo a criação de ventilação cruzada. Muitas vezes esse tipo de ventilação começa com a captação do vento por uma janela, passa por portas internas, até sair por outra janela.

As portas externas devem ser tratadas a fim de resistirem às intempéries. Nas faces norte e/ou oeste, reconsidere portas de vidro graças à forte insolação que incidirá sobre elas, e o consequente calor que entrará no ambiente durante os meses de verão.

Procure alinhar as alturas das portas e das janelas a fim de obter um melhor resultado na fachada.

São inúmeros os modelos e as dimensões de portas que podem ser especificados num projeto. Defina a função que elas terão antes de fazer a escolha, evitando assim a ocorrência de enganos.

QUANTO À FUNÇÃO

Ser um elemento decorativo

Além das funções tradicionais e óbvias, as portas podem desempenhar um papel decorativo, ajudando a compor a atmosfera e o estilo desejados.

Em tons fortes ou contrastantes com as paredes, ou ainda com os batentes em cores diferentes, elas podem acrescentar um diferencial ao projeto. Para uma atmosfera mais tranquila, podem ser pintadas em tons pastel ou off white.

---

1 Miriam Gurgel, *Design Passivo – baixo consumo energético: guia para conhecer, entender e aplicar os princípios do Design Passivo em residências* (São Paulo: Editora Senac São Paulo, 2012).

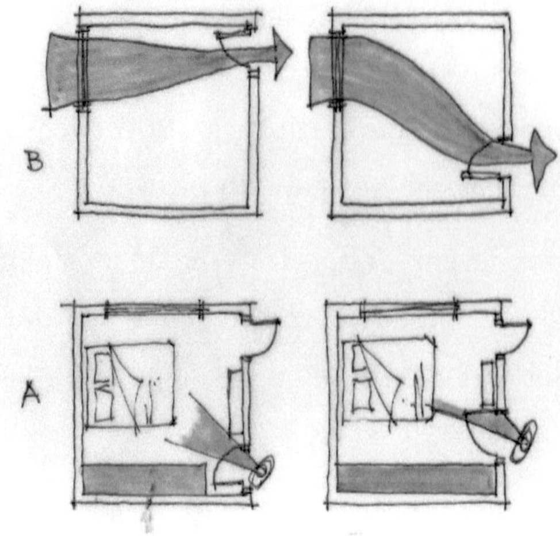

Fig. 11 – A) Diferentes opções de abertura e posicionamento da porta. B) Ventilação e posicionamento das portas.

Possibilitar maior iluminação

Portas total ou parcialmente de vidro permitem que maior quantidade de luz entre nos ambientes. Vidros jateados deixam a luz passar ao mesmo tempo que garantem maior privacidade. Vidros aramados ou jateados/laminados acrescentam segurança à privacidade. Já os totalmente transparentes trazem o exterior para dentro, ampliando o campo de visão e tornando o espaço interno mais agradável. Lembre-se de prever cortinas ou qualquer outro tipo de proteção para os horários de muita insolação. Os vidros podem ainda receber películas protetoras que filtram os raios UV.

Incrementar a ventilação

Ao abrirmos uma porta, aumentamos a possibilidade de circulação do ar num ambiente. Portas de correr, sanfonadas ou mesmo as de abrir para dentro (até 180°) permitem melhor ventilação somente quando abertas. Já as com uma parte em veneziana ajudam na circulação do ar mesmo quando fechadas.

CURIOSIDADE

COMO NO OESTE AUSTRALIANO EXISTE UMA GRANDE QUANTIDADE DE MOSCAS E INSETOS, E O CLIMA É MUITO QUENTE NO VERÃO, A MAIORIA DAS PORTAS EXTERNAS APRESENTAM UMA SEGUNDA PORTA EM TELA QUE POSSIBILITA VENTILAÇÃO TOTAL SEM A ENTRADA DOS INSETOS. EM ÁREAS ONDE A SEGURANÇA É MAIS PROBLEMÁTICA, A SEGUNDA PORTA É FEITA NUMA LIGEIRA MALHA DE FERRO QUE GARANTE TOTAL SEGURANÇA CONTRA INVASÕES.

Permitir privacidade

Estudando a localização adequada das portas, bem como o material de que serão feitas, garantimos maior ou menor privacidade aos ambientes, conforme a necessidade.

Na cozinha, a localização mais adequada para a porta é tal que não seja possível, da sala, enxergar a pia. Verifique, em cada ambiente, o modelo e a localização que garantirão a privacidade necessária para as atividades que ali serão desempenhadas.

NOS BANHEIROS, EVITE ABRIR AS PORTAS DIRETAMENTE PARA O VASO SANITÁRIO. NOS DORMITÓRIOS, PROCURE EVITAR QUE SE VEJA A CAMA ASSIM QUE SE ABRA A PORTA.

Garantir segurança

O material escolhido para as portas bem como as ferragens que serão instaladas ajudarão a intensificar a segurança numa residência.

Interligar ambientes

Portas de correr e embutir, ou mesmo as sanfonadas, possibilitam a abertura de vãos maiores e melhor interligação entre os ambientes. Utilizando esses tipos de portas, podemos criar soluções muito interessantes a partir de vários espaços pequenos, que se transformam numa ampla sala.

Proteger contra incêndio

Portas especificamente para essa função devem seguir rigorosamente as normas especificadas no código de obras e pelo Corpo de Bombeiros.

QUANTO AO MODO DE ABRIR

Porta de abrir

Pode ter uma ou duas folhas e deve preferencialmente abrir de modo a obstruir a visão interna do ambiente. Em muitos casos, a abertura contra a parede possibilita melhor aproveitamento interno do ambiente. Portas do tipo baia permitem que a parte de cima funcione como janela e a de baixo como porta. Ideais para ambientes onde há poucas janelas e alguma privacidade é necessária.

Vaivém

Variação da porta de abrir, mas com uma engrenagem que possibilita a abertura para ambos os lados do ambiente (bang-bang). Embora muito utilizada entre cozinhas e salas de jantar, não se recomenda para uso residencial onde existam crianças, pois pode ser perigosa.

De correr

Muito versátil, é boa opção para maior integração entre ambientes. Pode correr externa ou internamente à parede.

Pivotante

Gira em torno de um eixo central ou deslocado do centro. Opção muito utilizada em projetos com design contemporâneo.

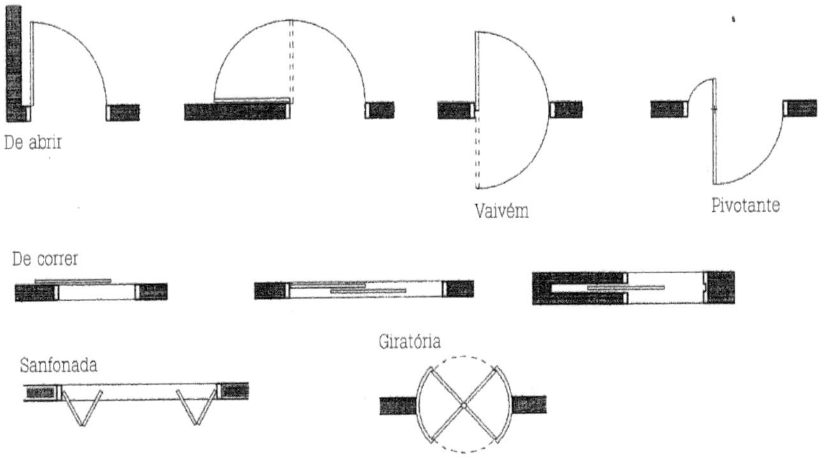

Fig. 12 – Tipos de portas quanto ao modo de abrir.

Sanfonada

Corre em trilhos, com guias ou livremente. Permite melhor aproveitamento do espaço interno em ambientes pequenos, onde não haja possibilidade de utilização de portas de correr.

Giratória

Geralmente mais usada em projetos comerciais, como hotéis, bancos e bares.

DIMENSÕES

As medidas de portas a seguir são as mais utilizadas e recomendadas, embora seja comum encontrar medidas diferentes ou mandar fazer sob encomenda.

- Altura 210 cm.
- As portas de entrada, geralmente mais largas do que as demais, podem ter de 90 cm até medidas duplas e mais pomposas, com vãos de 180 cm de largura.

- As de entrada de serviço devem ter no mínimo 90 cm para permitir a entrada de eletrodomésticos mais facilmente.
- Em dormitórios, escritórios, salas de tevê, cozinhas, lavanderias e demais áreas diurnas utilize, no mínimo, 80 cm.
- Lavabos, banheiros, closets, dormitórios de empregada e despensas podem ter portas de 70 cm.
- Portas de 60 cm podem ser utilizadas quando não houver outra opção, ou em ambientes para onde não haja necessidade de levar grandes caixas ou volumes.

MODELOS E MATERIAIS MAIS UTILIZADOS

Existe no mercado uma quantidade enorme de modelos, sendo sempre possível a criação de um tipo novo e personalizado.

Madeira e MDF

Portas lisas ou trabalhadas, com ou sem venezianas. Podem ser usadas com aplicação de vidro ou de diferentes materiais. Ideais para todas as atmosferas por serem muito versáteis e permitirem vários tipos de acabamento. Ao natural, podem ajudar a criar uma atmosfera mais aconchegante. Coloridas, podem deixar o ambiente alegre e jovem, ou ainda refinado e sofisticado.

Os materiais de acabamento que podemos utilizar para revestir portas de madeira ou derivados são vários. Seguem as opções mais utilizadas:

- pintura ou laqueação;
- verniz ou seladora;
- laminado (fórmica);
- chapas de ferro ou alumínio.

Ferro

Permite uma estrutura mais esguia do que a madeira, e composições que podem variar das mais simples às mais complexas. Pode ser usado com vidros dos mais diferentes tipos.

Alumínio e PVC

Mais leve do que o ferro, o alumínio deve ter sua cor definida antes de ser executada, pois seu acabamento é feito com pintura eletrostática. Evite pintá-la posteriormente. As portas com acabamentos na cor preta, na maioria das vezes, têm muita força visual e podem pesar no ambiente, além de serem de difícil integração no projeto. As estruturas em PVC podem ser encontradas em poucas variações de cor. Muito utilizadas no exterior em projetos em que o controle climático é fundamental. Versões com vidro duplo ou ainda triplo permitem uma vedação bastante eficiente, evitando a perda do calor interno dos ambientes no frio ou a entrada do calor externo no verão.

Vidro

Leves, permitem total integração do interior de uma construção com a área externa. Verifique as diversas texturas e qualidades de vidros existentes no mercado e escolha as que mais se adaptem às necessidades do projeto. A segurança que cada uma oferece, bem como os problemas com manutenção, diferem segundo o tipo escolhido. A forma da porta, como um painel de vidro, é basicamente sempre a mesma, podendo variar o tipo e a textura do vidro, ou ainda a película escolhida para proteger o ambiente contra os raios UV ou mesmo permitir maior privacidade.

É bom recordar que grandes painéis de vidro integram e ampliam os ambientes. Entretanto, à noite, quando a claridade interna das construções é maior do que a externa, tornam-se vitrines e podem deixar os ambientes sem privacidade.

JANELAS

Basicamente as mesmas regras que usamos para determinar o posicionamento e a escolha das portas devem também ser seguidas ao considerarmos a distribuição das janelas.

Verifique, no código de obras, qual é a área mínima para a janela conforme o ambiente. É aconselhável proteger e sombrear janelas face norte e oeste a fim de permitir a entrada de claridade, evitando a superexposição dos ambientes aos raios solares.

O posicionamento e o tipo da janela escolhida devem seguir orientação do Design Passivo, ou seja, permitir entrada do sol no inverno em climas frios e evitar a entrada do sol no verão em climas quentes. Outro ponto seria possibilitar que as janelas captem os ventos predominantes para criar a ventilação cruzada necessária para refrescar a casa no verão.

As janelas devem ser resistentes às intempéries, manter efetivamente o vento, a chuva e os raios UV fora dos ambientes e garantir segurança quando for o caso. Posicione-as de modo a impedir que ruídos externos perturbem a tranquilidade dos ambientes. Em locais com maiores problemas sonoros, é aconselhável a instalação de janelas à prova de som, com folhas de vidro duplas e tratamento acústico mais apropriado. Quando possível, coloque mais de uma janela no ambiente para facilitar a circulação do ar e permitir maior possibilidade de insolação.

Podem ser de madeira, ferro, alumínio ou vidro temperado. Em muitos casos, quando precisamos diminuir a insolação dentro de um ambiente, são mais efetivos os elementos instalados por fora das janelas (brises ou quebra-sóis) do que aqueles instalados diretamente nas janelas (cortina). Pérgola também é uma opção que agrega charme aos ambientes que recebem insolação diretamente nas janelas.

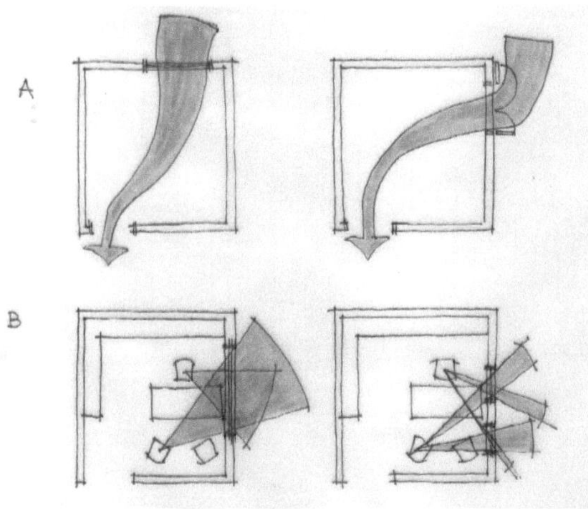

FIG. 13 – A) VENTILAÇÃO CRUZADA.
B) VISÃO SEGUNDO O TAMANHO DA ABERTURA.

Dependendo do tamanho e do posicionamento das aberturas das janelas nas paredes, teremos diferentes formas de enxergar o espaço externo.

Podemos ter uma visão ampla e desbloqueada com uma única e grande abertura, ou então uma janela de canto. Uma visão parcial através de uma janela com abertura pequena, cujo ângulo de visão se torna restrito, ou ainda uma visão totalmente recortada e quebrada com a utilização de pequenas aberturas.

DIMENSÕES

A altura correta e apropriada do patamar das janelas facilita a iluminação e garante uma visão mais adaptada à atividade desenvolvida próximo a elas. Portanto, verifique a altura que mais se adapte e que, ao mesmo tempo, forneça a segurança requerida ao ambiente.

A compra de modelos pré-fabricados é uma opção mais barata. Procure manter o peitoril da janela entre 90 cm e 100 cm nos dormitórios, escritórios ou qualquer outra área onde as ações sejam feitas em pé ou sentado.

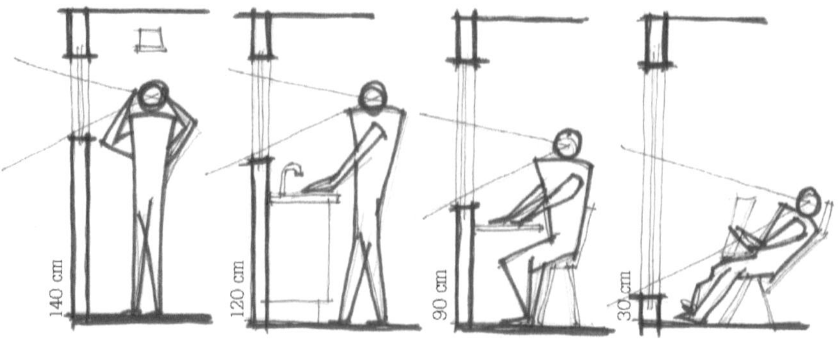

Fig. 14 – a) Janelas com peitoril de 140 cm ajudam a manter um pouco de privacidade no boxe do chuveiro. Vidros jateados, boreal ou de qualquer outro tipo que garanta total privacidade, devem ser utilizados em situações que assim o exijam. É importante manter a iluminação e a circulação de ar nesses casos. b) Em áreas de trabalho em pé, como a cozinha, 120 cm de peitoril é confortável e prático. c) Para atividades sentadas como estudo ou trabalho, 90 cm a 100 cm é ideal para o aproveitamento do espaço sob a janela com bancadas, armários baixos e gaveteiros. d) Um peitoril a 30 cm do piso ajuda a ampliar a visão externa de uma pessoa sentada em poltrona baixa.

Utilize de 120 cm a 140 cm para janelas sobre a pia e onde as atividades sejam executadas em pé. A altura de 140 cm é ideal para a janela do boxe do chuveiro, uma vez que permite mais privacidade sem bloquear totalmente a visão. Em apartamentos, dependendo do andar e da vizinhança, é aconselhável a utilização de vidros texturizados, que bloqueiem a visão sem tirar a claridade. E lógico que essas alturas são referenciais, podendo ser alteradas conforme a necessidade de cada projeto. Procure manter o mesmo alinhamento entre as janelas e, de preferência, também entre as portas.

Os vãos das janelas podem ser grandes e bem amplos. Painéis que ocupem toda uma parede podem criar uma atmosfera muito interessante. Principalmente quando incorporam o jardim externo ao ambiente interno. Pense, entretanto, no trabalho necessário para mantê-lo limpo. Um painel de vidro sujo deprecia qualquer ambiente.

QUANTO À FINALIDADE

Insolação e claridade

As janelas devem ser grandes, de preferência com vidros incolores, transparentes ou jateados, evitando-se assim a projeção de cores no ambiente proveniente da utilização de vidros coloridos. Garanta claridade sem distorções. A melhor face para as janelas é a leste (sol da manhã) ou sul; neste último caso, a claridade não causará distorção de cor (ideal para ateliês e estúdios de arte e pintura). A face oeste, que recebe o sol da tarde, deve ser protegida com brises, quebra-sóis, pérgolas ou cortinas para evitar muito aquecimento no interior dos ambientes. Lembre-se também de que a luz proveniente do sol variará de tonalidade dependendo da hora do dia, já que quanto mais tarde mais avermelhada será a luz do sol.

Ventilação

Preferencialmente, as janelas devem ser de abrir ou de qualquer outro tipo que garanta abertura ampla e favoreça a ventilação cruzada no ambiente. Em ambientes que recebem muito sol à tarde, pode-se criar uma composição com janelas junto ao piso ou junto ao teto, para que ajudem a forçar a circulação de ar evitando o "efeito estufa".

Favorecimento de vistas

Se for o caso de aproveitar uma vista interessante, é aconselhável que a janela seja criada com o menor número de recortes possível. Grandes painéis podem ter a segurança reforçada quando da escolha do tipo de vidro a ser instalado. Os vidros laminados, embora mais caros, podem garantir a vista e a segurança necessárias.

Foto 1 – O correto posicionamento de janelas junto ao piso e ao forro evita que o corredor se transforme numa estufa, já que a face em questão recebe forte insolação. Foto e projeto: arquiteto Thomas Rivard, Maintland House, Nova Gales do Sul, Austrália.

Elemento de composição ou decoração

Muitas vezes, por causa da fachada, acrescenta-se uma janela ou muda-se o formato previamente escolhido. Certifique-se de que a praticidade e a funcionalidade sejam alcançadas plenamente antes de favorecer a estética. É lógico que esta é importante, mas nada pior do que janelas inacessíveis, modelos que dificultem a composição interna do ambiente, posicionamento inadequado e perda de espaço interno útil.

QUANTO AO MODO DE ABRIR

Fixas

Na realidade são painéis, já que possibilitam a visão mas não permitem aumentar a ventilação existente no ambiente. Podem ser associadas a janelas móveis para incorporar maior iluminação. Boa sugestão para climas frios, ambientes face sul ou ainda ambientes que recebem os ventos predominantes da região.

Móveis

Permitem iluminação, ventilação e a incorporação de vistas nos espaços. Muito versáteis, possibilitam diversas alternativas de combinações entre os elementos que as constituem, como: vidro, veneziana, tela e/ou grade.

ALGUNS MODELOS

De abrir

Tem uma ou mais folhas que, quando abertas, permitem 100% de área desobstruída. Pode ter forma de arco ou ser reta. Geralmente as folhas

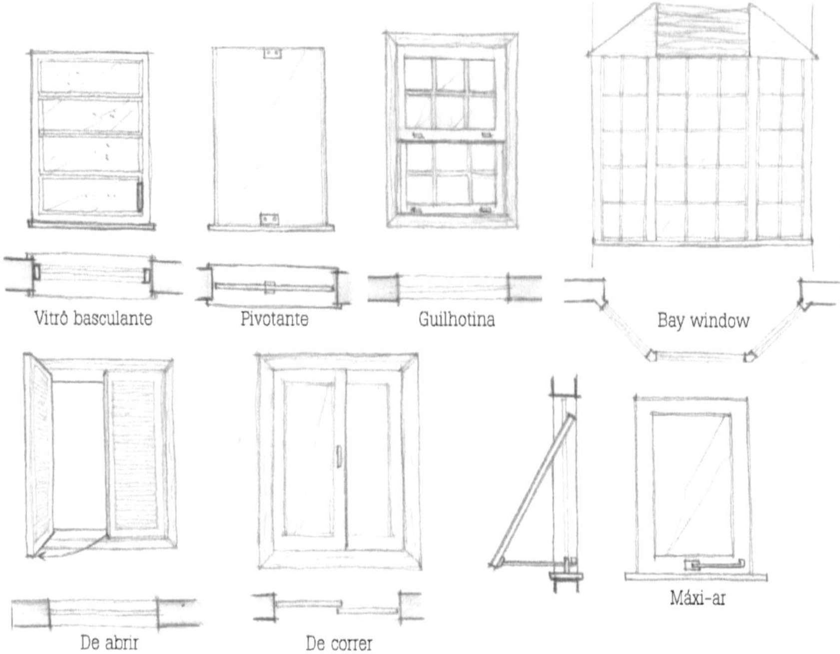

Fig. 15 – Modelos de janelas.

das venezianas abrem para fora e as de vidro para dentro. Permitem instalar grade de segurança fixa no espaço entre elas.

Guilhotina

Muito utilizada na arquitetura colonial, permite diferentes desenhos e soluções. Em arco ou reta, é uma solução muito charmosa. Abre somente 50% do vão.

De correr

Em vários modelos e tamanhos, podem ser abertas em até 100% do vão. Vidro temperado, madeira, ferro ou alumínio são alguns dos materiais possíveis de utilizar na sua confecção.

Máxi-ar

Muito usada em banheiros, cozinhas ou qualquer outro ambiente que requeira janelas de peitoril alto. Permite boa ventilação somente quando posicionada totalmente na horizontal (caso sua ferragem permita).

Vitrô basculante

Muito comum antigamente, é seguro e permite boa ventilação. Mais usado em banheiros, cozinhas e áreas de serviço. Modelos diferentes e criativos podem dar personalidade a esse tipo de janela.

Pivotante

Gira em torno de um eixo. É mais utilizada em vidro e possibilita 100% de abertura.

Bay window

Solução charmosa e com estilo próprio, pode aumentar a área de captação do sol no ambiente. Releituras das tradicionais bay windows podem ser utilizadas em construções modernas e contemporâneas.

MATERIAIS

O material das janelas e das portas deve ser o mesmo, a fim de harmonizar o projeto. Portanto, escolha um material e padronize-o. Os materiais mais utilizados são:

- madeira;
- alumínio;
- ferro;
- vidro;
- PVC.

ACABAMENTOS

- Pintura ou laqueação.
- Verniz, verniz náutico ou seladora (para um acabamento mais opaco ou acetinado).
- Anodizado (em esquadrias de alumínio).
- Películas (em vidros temperados, diminuem a incidência de raios UV; podem espelhar as superfícies refletindo mais o sol, ou ainda opacificar os vidros de modo a garantir maior privacidade).

PILARES E VIGAS

Podemos esconder ou explorar esses elementos, quando removê-los significa uma obra complexa e cara. Pilares e vigas de madeira, aparelhada ou bruta, são elementos fortes e devem ser, preferencialmente, ressaltados e explorados.

As estruturas metálicas também são elementos interessantes, principalmente quando pintadas em cores fortes. Grandes vigas de concreto também podem ser exploradas como elementos decorativos.

Aproveite um pilar indesejado e faça dele o centro das atenções. Incorpore a ele uma lareira, uma bancada, uma parede. Use um espelho, pinte, coloque textura, crie, invente, use sua imaginação ao máximo.

Diminua a altura de um pilar posicionando nele uma arandela com o facho direcionado para baixo. Arandelas nas quatro faces e direcionadas para cima podem aumentar a altura de uma coluna e deixar sua forma mais esguia e, consequentemente, mais leve.

As vigas podem ser escondidas com a utilização de forros falsos de gesso ou madeira, ou ainda exploradas, acrescentando charme e elementos diferenciadores ao projeto.

Foto 2 – Uma estrutura composta por pilares, vigas e um deck de madeira rústica aumentou a área útil da varanda. A fachada da casa de praia ganhou charme e perdeu a rigidez da forma cúbica.

Foto 3 – A estrutura de ferro é utilizada como elemento decorativo em residências de estilo high-tech.

Às vezes, usam-se vigas falsas para deixar a atmosfera mais acolhedora ou mesmo proporcionar sombra em varandas e jardins internos. Ilumine as estruturas aparentes de um telhado e faça da tesoura a sua luminária.

Forros de gesso são muito versáteis e podem ajudar a compor diferentes soluções para vigas existentes num ambiente.

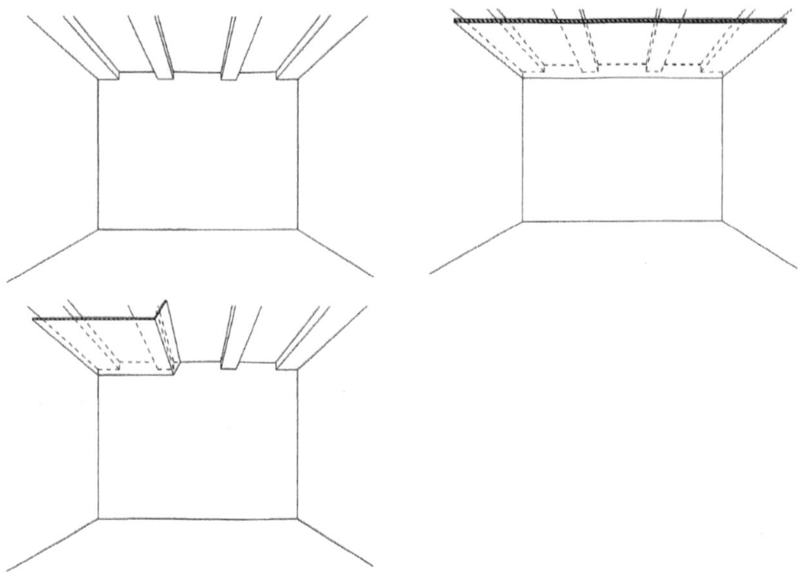

FIG. 16 – EXEMPLO DE AMBIENTE COM VIGAS EXTERNAS E VARIAÇÕES DE APLICAÇÃO DE FORRO DE GESSO PARA COMPOR DIFERENTES ATMOSFERAS.

MATERIAIS

Os pilares e as vigas podem ser de diferentes materiais, dependendo da atmosfera que desejamos dar ao ambiente. A madeira deixa o ambiente mais aconchegante, informal e com uma atmosfera acolhedora. O metal ajuda a criar um ambiente mais moderno, informal ou com características high-tech. Grandes vãos com vigas e pilares aparentes em concreto são imponentes e, dependendo do ambiente, podem pesar um pouco.

TETO E FORRO

A área do teto tem grande impacto no modo como percebemos e sentimos o ambiente. Tetos muito altos com piso frio (cerâmicas, granitos, etc.) podem causar problemas acústicos, portanto, leve em consideração o conforto ambiental e analise os materiais escolhidos também quanto à acústica. Observe também o fato de que tetos muito altos precisam de um estudo maior das luminárias que serão utilizadas para evitar as opções difíceis de serem substituídas.

Para aumentar visualmente a altura do pé-direito, pinte o teto com um tom mais claro que o das paredes. O contrário dá o efeito inverso. Caso a iluminação seja indireta, com a luz jogada toda para o teto, o pé-direito parecerá mais alto do que é na realidade.

Pinte todas as superfícies de uma mesma cor para aumentar a sensação espacial de um ambiente. Use, entretanto, um tom um pouquinho mais claro no teto, pois, como ele recebe menos luz, parecerá da mesma cor das paredes.

ALGUNS MATERIAIS

Gesso

Forros de gesso são uma opção versátil, que possibilita variações na altura, projetos de iluminação mais complexos, com soluções interessantes e criativas. Cuidado para não exagerar e carregar demais, tornando seu teto pesado e opressivo. Soluções simples e discretas são mais sofisticadas e interferem menos no contexto geral do projeto. Forros de gesso podem ser uma boa opção para ambientes com problemas acústicos.

Madeira

São aconchegantes e ajudam a abaixar visualmente a altura do pé--direito. Caso já exista um forro de madeira e a sensação no ambiente seja de opressão (por estar instalado num pé-direito baixo, por exemplo), pinte a madeira num tom claro. A textura do forro permanecerá a mesma, mas seu peso desaparecerá.

Vidro ou policarbonato

Coberturas em policarbonato e alumínio ou ferro e vidro são opções que podem transformar a varanda ou o jardim interno num espaço aconchegante, protegido da chuva e do frio, e consequentemente gerar maior utilização do ambiente. Ideal para incorporar o jardim às áreas internas. Lembre-se de instalar ar-condicionado ou ventiladores de teto caso a área a ser coberta receba muita insolação. Evite o efeito estufa. Esses tipos de coberturas permitem que se tenha o céu como teto e podem criar ambientes muito agradáveis e iluminados.

Laje de concreto aparente

Numa solução mais informal ou rústica, podemos explorar as lajotas e vigotas utilizadas nas lajes. O importante é não sobrecarregar um ambiente quando se utilizam diferentes materiais no piso, parede e forro. Escolha um deles para atrair mais a atenção do que os demais. Evite que o ambiente fique congestionado por texturas, cores e materiais.

ESCADAS

Elementos arquitetônicos que podem desempenhar papel importante num projeto. Encontramos de simples escadas construídas entre paredes a magníficas soluções esculturais.

O posicionamento errado de uma escada pode arruinar completamente um ambiente. Diferentes formas e materiais fazem com que sejam inúmeras as soluções projetuais possíveis na execução de uma escada.

O cálculo correto da altura dos espelhos e do tamanho das peças do piso é fundamental para que sejam evitadas dores nas pernas e escadas desconfortáveis. Quanto mais aumentarmos a altura dos espelhos, menor será o número de degraus para vencer determinado vão. Entretanto, alturas maiores do que 18 cm fazem com que, após subir alguns degraus, as pernas comecem a sentir o esforço. É ideal que se mantenha a altura ao redor dos 17 cm. Quando o degrau não é de escada, mas sim uma diferença entre pisos, podemos usar de 10 cm a 20 cm, pois são poucos os espelhos e não causarão nenhum desconforto ao usuário.

O tamanho do piso não deve ser maior do que 30 cm, o que faria com que nosso calcanhar batesse no piso anterior. Se colocarmos menos do que 26 cm, correremos o risco de escorregar, pois o piso será curto para que nosso pé o alcance. O tamanho ideal é 28 cm.

A fórmula 2 espelhos + 1 piso = 63/64 cm garantirá proporção e comodidade à escada.

MEDIDAS BÁSICAS RECOMENDADAS

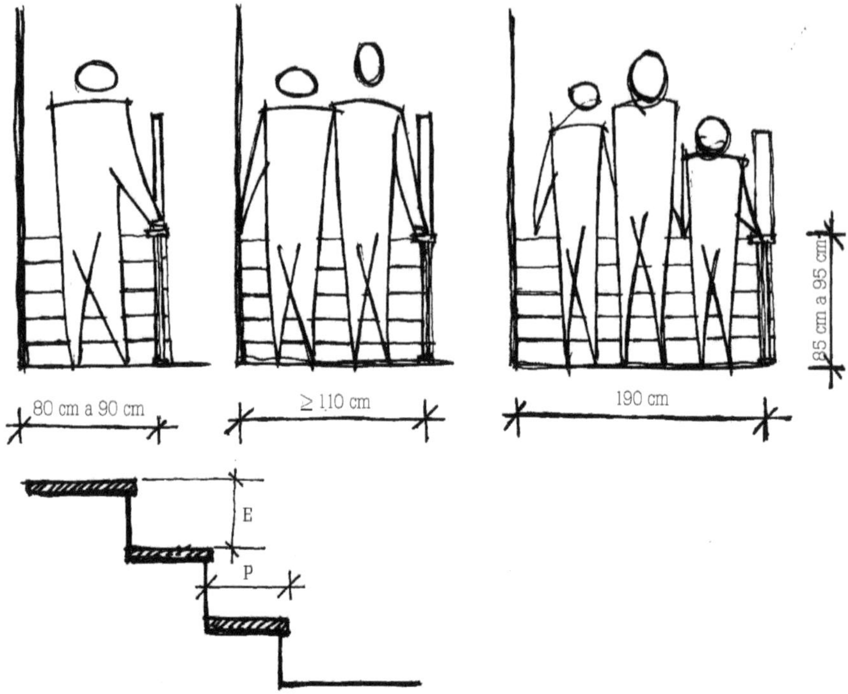

FIG. 17 – ESCADAS: MEDIDAS BÁSICAS RECOMENDADAS.

ALGUNS MODELOS

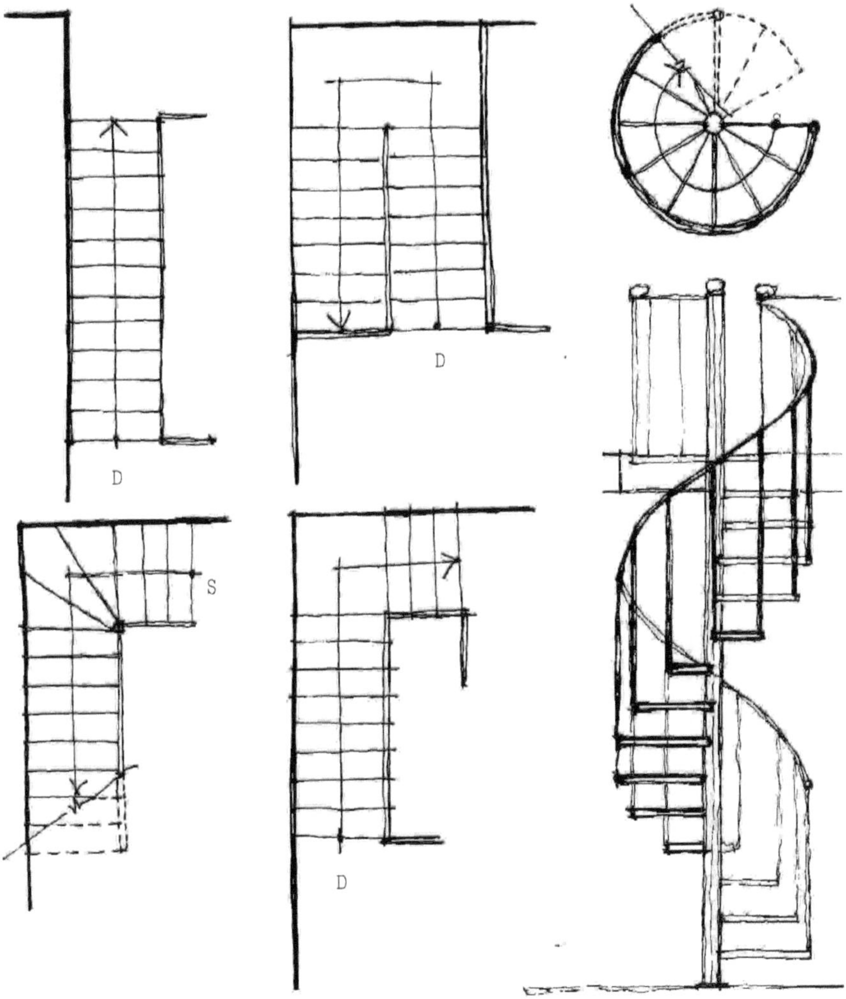

FIG. 18 – MODELOS DE ESCADAS: RETA, EM U, EM L E CIRCULAR.

CORREÇÃO DE DEFEITOS ARQUITETÔNICOS E VALORIZAÇÃO DE VISTAS

Compor os elementos construtivos num projeto é explorar ao máximo suas qualidades. Analise cada elemento, estude como ele pode e deve ser valorizado. Faça dele uma variante que diferencie e personalize seu projeto.

Imperfeições arquitetônicas existem e podem ser corrigidas de forma drástica (com obras e custo elevado) ou por meio de soluções criativas, de menor custo e em menor tempo. Iluminação, cor, materiais, texturas, formas, entre tantos outros artifícios, podem camuflar imperfeições, corrigir defeitos, valorizar e explorar superfícies.

> AS VARIANTES NUM PROJETO SÃO INÚMERAS, E A DEDICAÇÃO, O EMPENHO E A PESQUISA VALEM A PENA PARA SE ALCANÇAR A MELHOR SOLUÇÃO DO PROJETO.

4

ERGONOMETRIA

NÃO PODEMOS MAIS ACEITAR PROJETOS DE AMBIENTES QUE NÃO RESPEITEM AS PROPORÇÕES DO CORPO HUMANO NEM SUAS LIMITAÇÕES.

ESPAÇOS MAL PROJETADOS, COM SOLUÇÕES INAPROPRIADAS AOS SEUS USUÁRIOS, SÃO SINÔNIMO DE FALTA DE PESQUISA E ENTENDIMENTO DAS NECESSIDADES RELACIONADAS À REALIZAÇÃO DE TAREFAS ESPECÍFICAS.

PROPORCIONAR CONFORTO E BEM-ESTAR DEVE SER O OBJETIVO PRIMORDIAL DE QUALQUER PROJETO.

Ergonometria é a ciência que combina as características físicas do corpo humano, a fisiologia e fatores psicológicos, a fim de incrementar a relação existente entre o meio ambiente e seus usuários.

Associando o modo pelo qual respondemos às temperaturas, ao som e à iluminação com as medidas anatômicas ideais, estabelecemos um padrão que deve ser utilizado como base no design de espaços mais humanizados e funcionais, bem como no design de equipamentos e peças de mobiliário.

É fundamental que tenhamos espaços projetados especificamente para sua função, armários convenientes e acessíveis, iluminação que não provoque reflexos nos olhos e peças de mobiliário perfeitamente adaptadas ao homem e à sua função. Portanto, aplicar os conceitos e padrões ergonométricos num projeto é indispensável.

O HOMEM

As características físicas do homem, como sua altura e largura, a altura da linha dos olhos, o alcance dos seus braços, etc., são importantes nas diversas situações do dia a dia. Convém relembrar que essas medidas padrão podem diferir dependendo do país e do povo em questão. As características físicas divergem conforme as diferentes nacionalidades.

Quando numa mesma família as pessoas são de estatura ou tamanhos diferentes, o recomendável é que se observem as medidas máximas e mínimas como base para os diferentes locais conforme a necessidade. Por exemplo, as alturas devem favorecer as pessoas mais baixas, as bancadas para escrever ou para o computador devem seguir as necessidades dos mais altos, e cadeiras reguláveis e apoios para os pés corrigirão as medidas para os mais baixos. Os espaços para circulação devem levar em consideração os usuários mais "gordinhos" ou aqueles que apresentam dificuldades de locomoção e assim por diante.

AS DIMENSÕES DOS ESPAÇOS

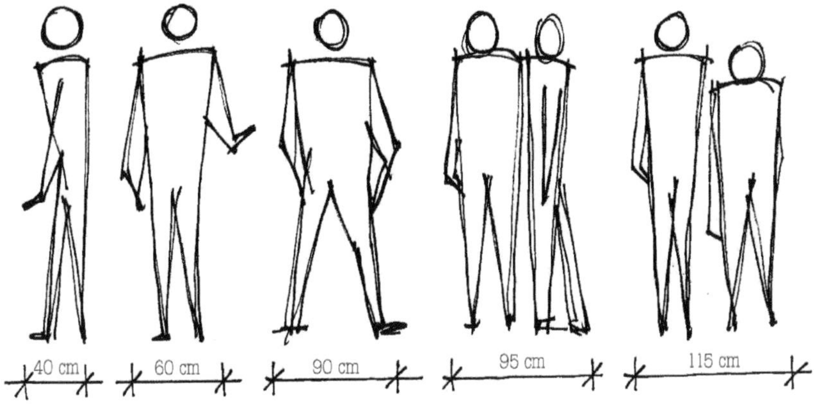

FIG. 19 – DIMENSÕES MÍNIMAS RECOMENDADAS PARA QUE OS MOVIMENTOS DO CORPO HUMANO DESENVOLVAM-SE LIVREMENTE.

CIRCULAÇÃO

A medida da largura dos ombros determina o espaço mínimo necessário para que uma pessoa circule e movimente suas articulações. A partir dessa medida, chegamos aos vãos necessários para a circulação de uma ou mais pessoas.

Ao projetar corredores e portas, observe o fato de que outros elementos (móveis, malas, caixas, etc.) devem também passar através deles. Portanto, uma largura mínima de 100 cm é recomendada para os corredores residenciais.

Dormitórios

Vários são os movimentos realizados num dormitório, além do ato de dormir. Sentar na cama para ler, vestir-se, arrumar a cama, circular pelo ambiente, assistir à tevê, qualquer que seja a ação, nosso corpo precisa de espaço para poder desempenhá-la.

Arrumar as roupas ou abrir gavetas no armário ou closet também exige uma área de circulação mínima.

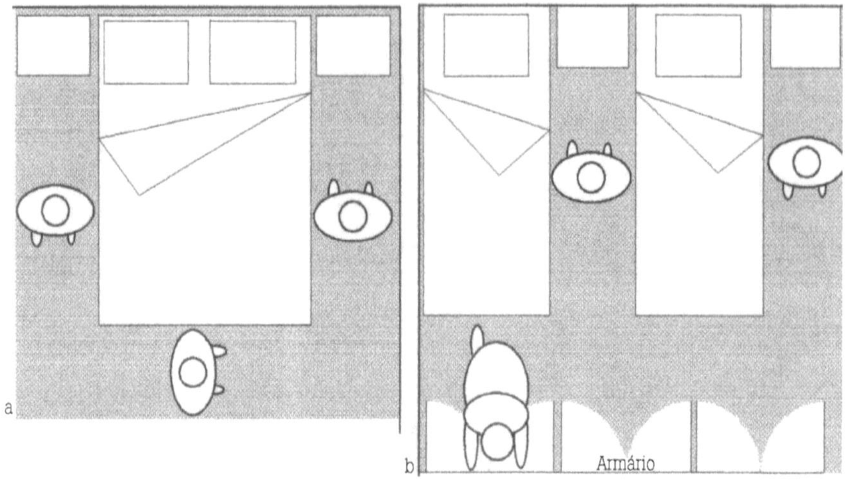

FIG. 20 – A) UMA CIRCULAÇÃO MÍNIMA DE 60 CM AO REDOR DA CAMA É RECOMENDADA. QUANDO NÃO FOR POSSÍVEL RESPEITÁ-LA, 50 CM PODEM SER UTILIZADOS EM UM DOS LADOS. B) O MÍNIMO DE 50 CM ENTRE AS CAMAS PODE SER UTILIZADO QUANDO NÃO HÁ ESPAÇO SUFICIENTE PARA OS 60 CM RECOMENDADOS. O ACESSO AO ARMÁRIO É MAIS FÁCIL COM UMA CIRCULAÇÃO DE 100 CM.

BANHEIROS

A arquitetura de interiores aplicada aos banheiros deve cuidar para que as medidas sejam anatomicamente perfeitas. Evite inclinações demasiadas do corpo, movimentos inseguros e circulação difícil. Aos banheiros deve ser dada atenção redobrada, pois são áreas sujeitas a escorregões.

Os banheiros projetados para pessoas com problemas físicos devem seguir algumas orientações importantes quanto à instalação de barras de apoio e à existência de áreas de transferência, no caso do uso de cadeira de rodas.

O site www.deca.com.br (seção Linha Conforto) fornece detalhadamente as medidas e explicações necessárias quanto ao tipo de registro, equipamentos e novos produtos colocados no mercado.

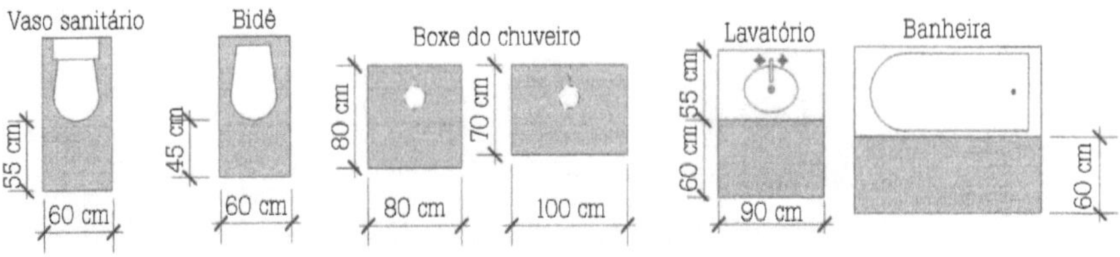

FIG. 21 – ÁREAS MÍNIMAS SUGERIDAS PARA MELHOR CONFORTO E SEGURANÇA DOS USUÁRIOS.

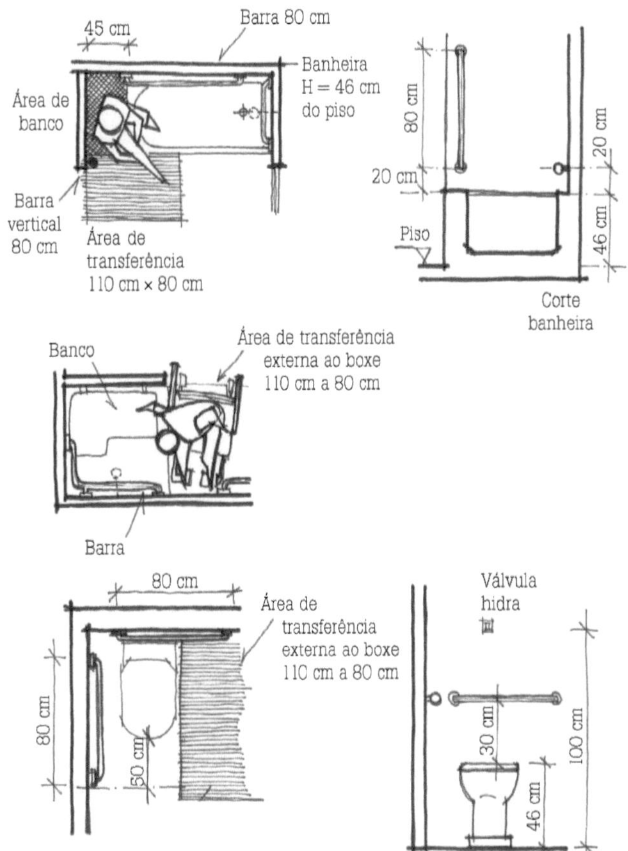

FIG. 22 – ALGUMAS MEDIDAS BÁSICAS PARA PESSOAS QUE FAZEM USO DE CADEIRAS DE RODAS.

O design moderno de vasos sanitários, bidês, lavatórios, banheiras e acessórios é orientado, na maioria dos fabricantes, não somente por fatores estéticos, mas também por condicionantes de conforto, segurança e praticidade. Portanto, verifique as vantagens e as desvantagens do modelo escolhido.

Além de criar uma atmosfera que favoreça o relaxamento, um projeto correto deve, acima de tudo, garantir a segurança e a comodidade de movimentos sem perigo. Evite quinas e acessos difíceis. O acesso de cadeiras de rodas deve observar larguras especiais.

Cozinhas

São ambientes onde as medidas antropométricas devem ser cautelosamente observadas. As atividades ali realizadas devem acontecer sem problemas e de forma cem por cento segura. A cozinha é um ambiente onde pessoas passam várias horas do dia e onde lidam com fogo, gás e elementos pontiagudos. Evite inclinações demasiadas, espaços inacessíveis ou de difícil acesso.

A distância correta entre a bancada e os armários suspensos evitará batidas de cabeça e dificuldades de acesso. Os eletrodomésticos, como, por exemplo, o forno convencional ou o de micro-ondas, devem ser posicionados de modo a facilitar a sua utilização.

A altura de bancadas e planos de trabalho depende das atividades que serão executadas em cada um deles e do tamanho das pessoas que os utilizarão. As medidas sugeridas a seguir obedecem aos princípios da ergonometria e procuram dar uma relação mais precisa entre os indivíduos e as alturas necessárias para maior conforto na cozinha.

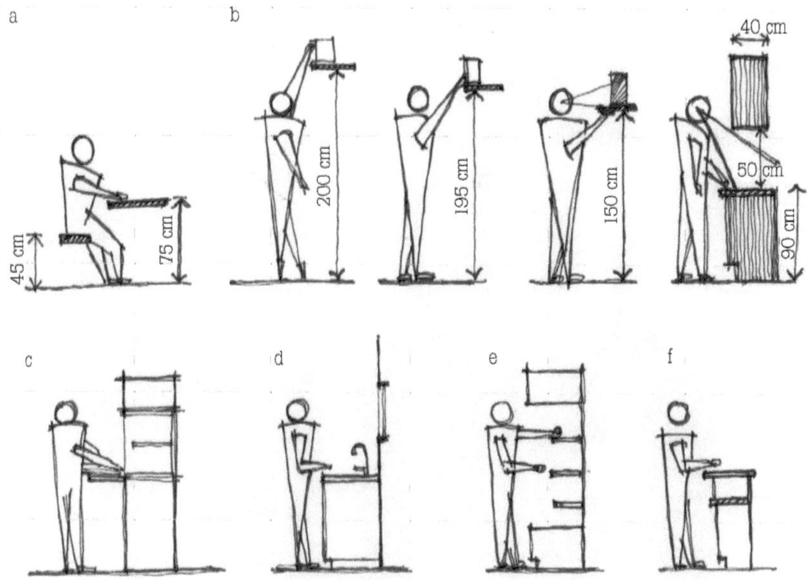

Fig. 23 – a) Escolha onde as pessoas devem sentar-se para fazer as refeições rápidas e siga as alturas sugeridas para as bancadas: 75 cm para cadeiras normais, 90 cm para bancos de aproximadamente 60 cm de altura e entre 100 cm e 110 cm de altura se forem utilizados bancos altos, de aproximadamente 70 cm. Em resumo, a diferença entre a cadeira e a bancada deve ser de aproximadamente 30 cm. b) A altura de prateleiras e armários deve observar as limitações de alcance do corpo humano. c) Posicione o forno e o micro-ondas de modo a facilitar o acesso a eles. d) A bancada da pia deve situar-se 5 cm abaixo dos braços dobrados a 90°. e) O melhor posicionamento para louças e utensílios de uso diário é entre a altura dos olhos e a dos joelhos. A mesma altura é recomendada para as prateleiras da despensa que armazenam os alimentos e ingredientes que mais utilizamos ao cozinhar. f) A altura ideal das bancadas de trabalho e preparação dos alimentos é de 5 cm a 10 cm abaixo dos braços dobrados a 90°. os eletrodomésticos de pequeno e médio porte ficam mais visíveis e mais bem posicionados em alturas de 17 cm a 25 cm do cotovelo dobrado.

Escritórios

A altura das mesas e prateleiras, a distância da mesa de trabalho à parede, a abertura total das gavetas, o acesso a arquivos e equipamentos eletrônicos são algumas das preocupações existentes ao projetarmos um espaço de trabalho.

No caso do computador, é necessária a perfeita adaptação da altura do teclado e do monitor. Recentes estudos ergonométricos aconselham que o teclado seja posicionado a aproximadamente 75 cm do solo, ou seja, ele pode estar apoiado na mesma superfície do monitor, eliminando-se assim as gavetas ou pranchas instaladas sob a bancada.

O mais recomendado é que a parte superior da tela do computador fique alinhada com os olhos e a uma distância de aproximadamente 60 cm deles.

A cadeira deve ser regulável e bastante confortável, com apoio correto para as costas.

É também indicado que os pés fiquem totalmente apoiados no chão. Quando a altura não permitir, coloque um apoio sob eles. O tampo da mesa ou bancada deve estar de 72 cm a 75 cm do piso.

Livings e salas de jantar

Sentar e conversar, receber amigos, comer confortavelmente e relaxar também exige algumas considerações quanto às distâncias entre os móveis e alturas ideais.

A dimensão dos móveis e a garantia da boa circulação

Ao projetar um espaço, faça um levantamento correto das atividades que nele serão realizadas. Para cada atividade são necessárias diferentes peças de mobiliário e uma área para que elas sejam dispostas e utilizadas de forma desbloqueada e harmônica.

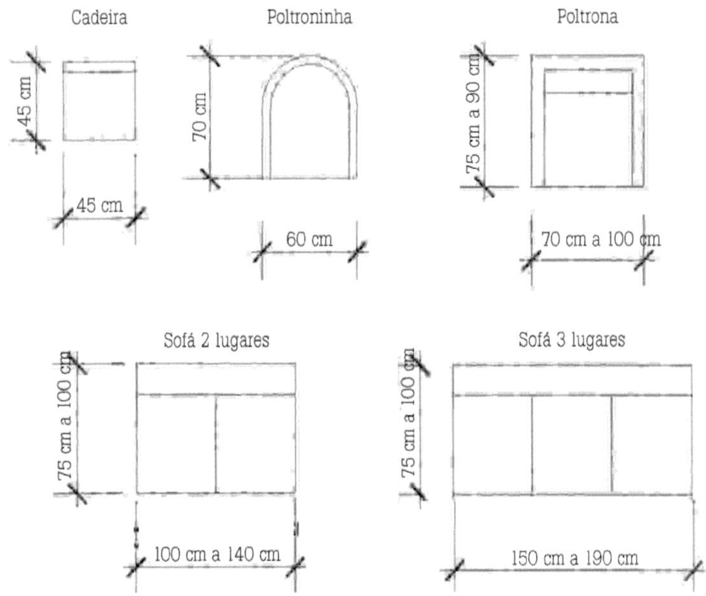

Fig. 24 – Algumas dimensões mínimas de cadeiras e sofás.

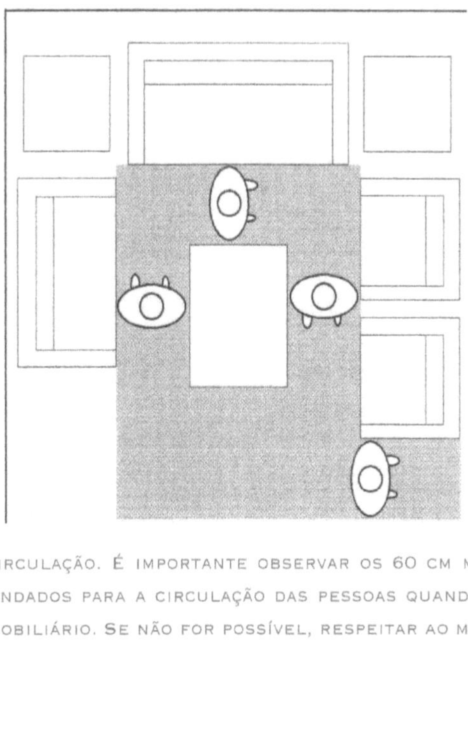

Fig. 25 – Circulação. É importante observar os 60 cm mínimos que são recomendados para a circulação das pessoas quando da distribuição do mobiliário. Se não for possível, respeitar ao menos 50 cm.

Abaixo listamos as dimensões sugeridas para algumas peças. Lembre-se de que elas devem ser sempre verificadas, pois podem não se adaptar às dimensões de algumas pessoas.

Mobiliário	**Profundidade mínima**	**Altura**
Aparador para sala de jantar	40 cm	80 cm a 90 cm
Aparador para som	45 cm	
Mesa de jantar		75 cm
Mesa de centro		40 cm
Mesa lateral		45 cm a 55 cm
Cadeira de jantar	40 cm	45 cm
Balcão de bar	30 cm	105 cm a 115 cm
Cama de solteiro	70 cm	45 cm
Plano de trabalho		85 cm

A essa referência devem ser adicionadas as distâncias necessárias para a circulação das pessoas. Só assim poderemos saber se as atividades que pretendemos que sejam realizadas num determinado ambiente poderão ocorrer sem problemas.

5 ELEMENTOS DO PROJETO

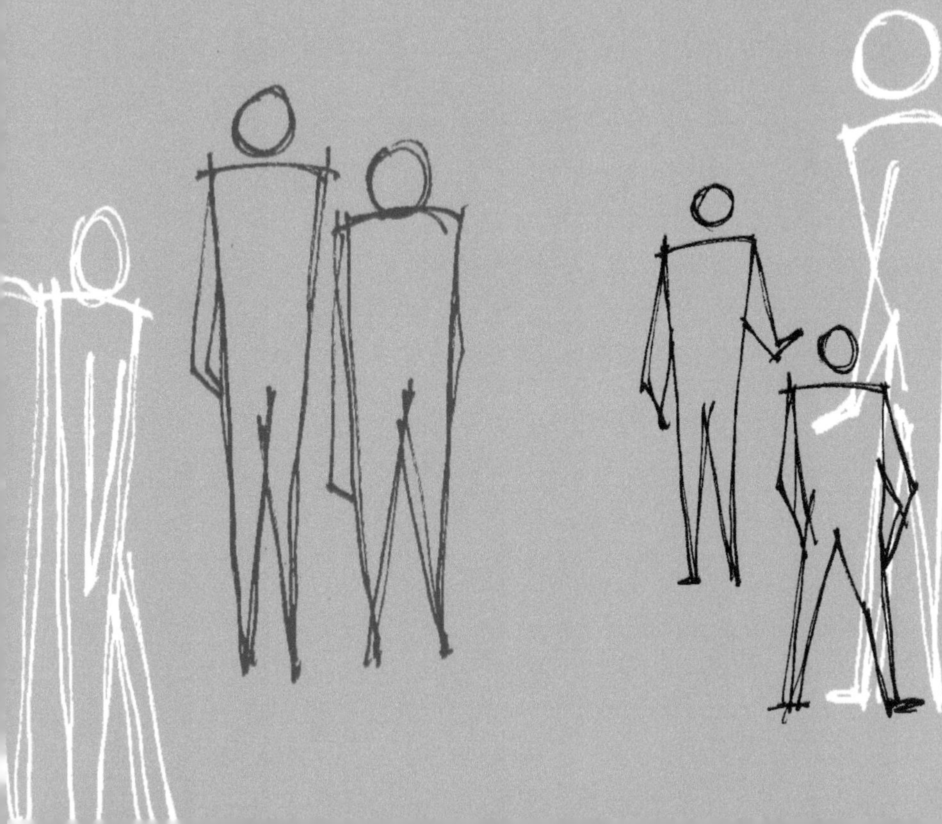

COMO EXPRESSAR NOSSAS IDEIAS DE MODO CLARO, OBJETIVO E ATRAENTE É PONTO FUNDAMENTAL NUM PROJETO. SEGUNDO OSCAR NIEMEYER, "A BASE DA ARQUITETURA É O DESENHO E O PENSAMENTO".[1]

LEVANTAMENTO ESPACIAL

Um dos primeiros procedimentos ao se começar um projeto é levantar todas as características e dimensões do local destinado a ele. Embora, na maioria dos casos, existam plantas oficiais com as referidas medidas, devemos, de qualquer modo, medi-lo correta e precisamente a fim de confirmar todas as dimensões, evitando assim erros no projeto.

- Levante as dimensões, as distâncias e as alturas de todos os elementos construtivos.
- Se os ângulos não forem retos, ou mesmo para confirmar se realmente são, utilize recursos da geometria para ajudar a tirar corretamente as medidas de paredes inclinadas, como, por exemplo: escolha uma

---

1 *Masterpieces*, documentário apresentado na TV SBS (Austrália) em 26-1-2002.

parede e marque 80 cm a partir do canto; na outra parede, sempre a partir do canto, marque 60 cm. Meça a distância entre os pontos marcados e, se o resultado for 100 cm, a parede tem ângulo reto.

- Pontos de luz, tomadas e interruptores, bem como pontos de telefone e antena, devem ser marcados e locados.
- Caso se trate de banheiros, cozinhas, lavanderias ou lavabos, marque a distância entre o eixo de registros, torneiras, ralos, peças sanitárias, etc. e a parede mais próxima, bem como a distância do piso até eles.
- Verifique a orientação do sol para saber a quantidade de luz e insolação que recebem os diferentes cômodos (Design Passivo).
- Certifique-se da vista de cada janela para saber quais deverão ser valorizadas e quais podem ser excluídas, se for o caso.
- Levante todas as características dos revestimentos existentes (material, cor, textura, etc.), bem como onde estão localizados e em que estado cada um se encontra (riscado, conservado, manchado, precisando de novo rejunte, etc.).

REPRESENTAÇÃO GRÁFICA

Os recursos que utilizamos para apresentar um projeto são os desenhos (representações gráficas) e a maquete (modelo tridimensional, computadorizado ou não).

ESCALAS

Todos os desenhos são realizados segundo uma escala de referência. Utilizamos a escala 1:100 (ou seja, cada centímetro no papel corresponde a 1 m) para desenhos maiores, mais gerais e que não necessitam de grandes detalhes. A maioria das prefeituras pede a planta baixa das residências nessa escala. É a escala ideal para plantas de implantação, que mostram a casa e o terreno onde está localizada.

Quanto maior for o número de informações que precisarmos passar, maior será a escala do desenho. Utilizamos a escala 1:50 para mostrar uma ideia geral da construção com relativamente mais detalhes do que nas plantas 1:100. Nessa escala, podemos mostrar a casa como um todo.

Quando nos referimos a desenhos mais detalhados e mais específicos, como, por exemplo, aqueles de somente um ambiente, as escalas 1:20 ou 1:25 são as mais indicadas. Nessa escala podemos mostrar um ambiente e seus móveis ou uma cozinha com todos os detalhes que a compreendem. A visualização e a compreensão do desenho tornam-se bem mais fáceis.

As escalas 1:10, 1:05 ou 1:1 são utilizadas em detalhes onde a precisão da execução é indispensável. O detalhamento de forros e encaixes é um dos exemplos da utilização dessas escalas.

TIPOS DE DESENHOS

Podemos utilizar diferentes tipos de desenhos para explicar e alcançar um determinado resultado projetual. Devemos ser capazes de representar graficamente (bi ou tridimensionalmente) o que pretendemos fazer e como será o espaço a ser criado. Todos os profissionais envolvidos num determinado trabalho devem ter acesso a todos os esclarecimentos necessários para o perfeito desenvolvimento do projeto. Portanto, cabe a nós representá-lo da forma mais completa e detalhada possível.

Planta baixa

Vista aérea, que representa um corte paralelo ao piso a uma altura aproximada de 120 cm. Tudo que estiver acima dessa altura deverá ser representado por linhas tracejadas, sugerindo sua projeção. Nessa planta podemos observar larguras e profundidades dos ambientes.

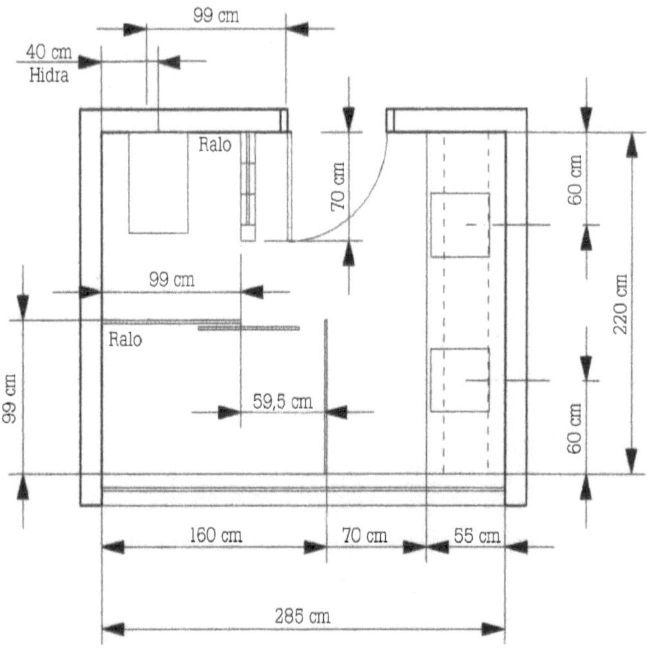

Fig. 26 – Exemplo de planta baixa.

Corte

É uma representação vertical, que corta as paredes da casa ou do ambiente em questão. Mostra todas as alturas dos elementos nele existentes, como o peitoril das janelas, portas, pé-direito, etc. Temos, portanto, as alturas e larguras ou larguras e profundidades dos ambientes, dependendo do sentido do corte que fazemos.

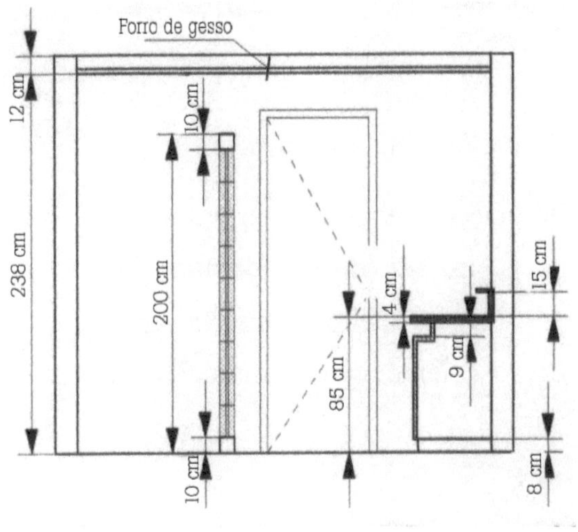

Fig. 27 – Exemplo de corte.

Vista

Elevação interna dos ambientes. Como o próprio nome sugere, representa verticalmente o que podemos ver dentro dos ambientes. É uma representação chapada de tudo que está dentro do ambiente. É muito similar ao corte. A única diferença é que, nesse desenho, as espessuras das paredes, pisos e lajes não estão de forma alguma representadas.

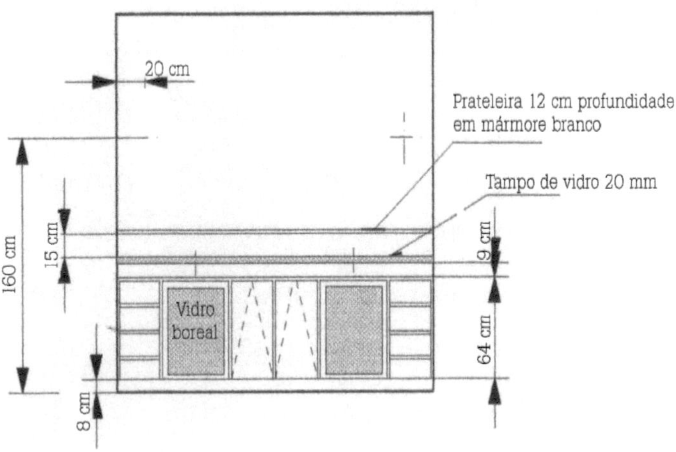

Fig. 28 – Exemplo de vista.

Detalhamentos

Ampliações de elementos do projeto que devem ser executados segundo um modo particular e específico.

Todas as informações necessárias para a execução de um projeto devem estar contidas em cada uma das diferentes pranchas: níveis dos pisos, abertura de portas, ou qualquer outro esclarecimento, tal como informações escritas que orientem ao máximo o executor do projeto.

Perspectiva

Ferramenta importantíssima, é o instrumento que concretiza nossos sonhos e pensamentos. Possibilita a antecipação visual dos espaços projetados, dando vida à criação bidimensional. Pode ser executada graficamente ou por computador.

Maquete

Representação tridimensional, elaborada ou volumétrica, que auxilia muito na visualização e compreensão dos projetos. Foi muito utilizada quando não existiam computadores, entretanto ainda é necessária e utilizada por alguns profissionais.

CARIMBO

As pranchas com os desenhos, feitos à mão ou no computador, devem ser padronizadas e apresentar um carimbo especificando:

- o profissional responsável pelo projeto;
- o cliente;
- a obra a que se refere;
- os desenhos que constam da prancha;

- a escala dos desenhos;
- a data-referência do desenho ou da última alteração;
- o responsável pelo desenho;
- o número da prancha.

> SÃO INÚMEROS OS MODELOS E TIPOS DE CARIMBOS. DESENVOLVA O QUE MAIS LHE CONVIER.

SIMBOLOGIA DOS PROJETOS

É importante o conhecimento dos símbolos normalmente utilizados pelos profissionais envolvidos num projeto. Quando houver dúvida quanto à representação gráfica, especifique, no próprio local onde foi aplicada, o que ela quer dizer ou utilize a legenda para identificá-la.

IMPLANTAÇÃO

É a planta que contém informações referentes à forma da construção, à localização do terreno e à orientação do sol.

EXEMPLOS DE SIMBOLOGIA APLICADA

Paredes

Representadas por duas linhas paralelas, devem ser a primeira coisa que percebemos no desenho. Alguns profissionais as desenham utilizando quatro linhas, e outros, dependendo da escala, as preenchem com cinza ou preto.

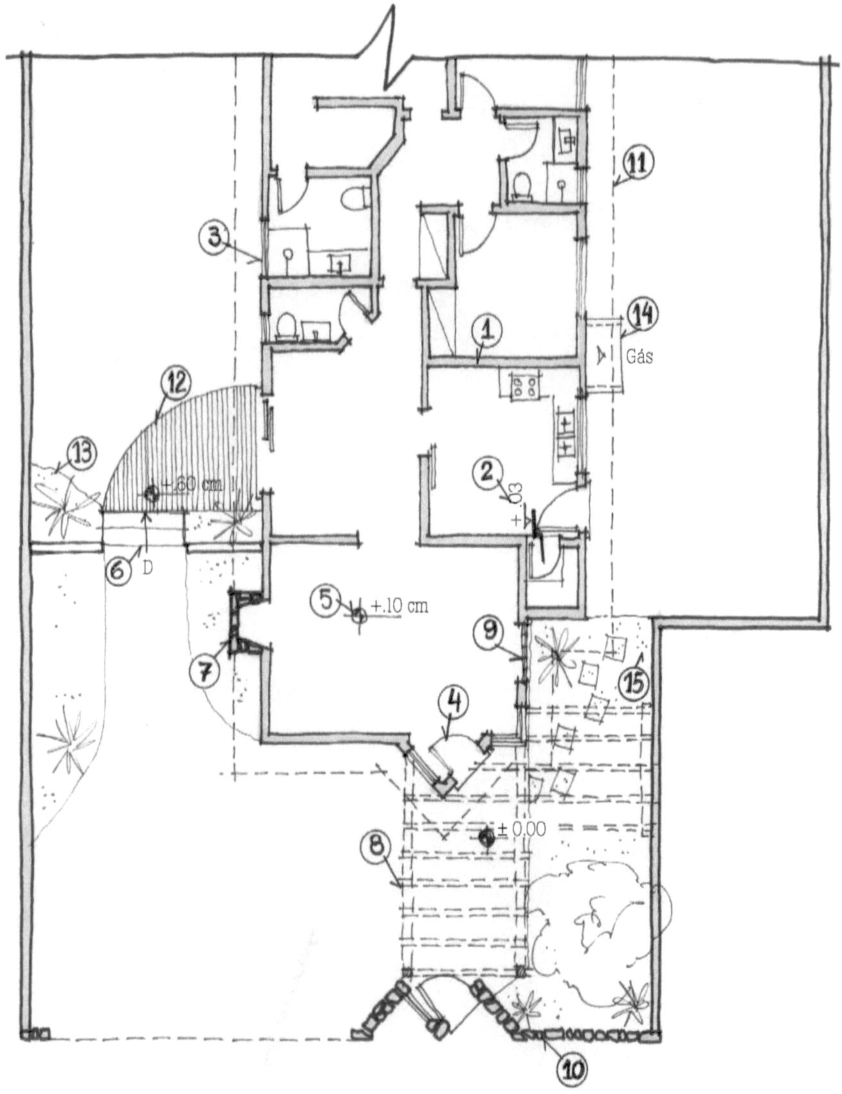

FIG. 29 – EXEMPLO DE SIMBOLOGIA UTILIZADA EM PLANTAS.

PEQUENOS DESNÍVEIS OU DEGRAUS

Representados também em forma de corte sobre seu desenho em planta. Uma seta mostrando a altura do desnível completará sua representação.

Janelas

Devem ser representadas fechadas e por linhas finas.

Portas

Sempre representadas abertas, devem indicar a forma de abertura das folhas.

Cotas de nível

Indicam os diferentes níveis existentes no ambiente. São representadas por círculos com os sinais + ou - diante dos valores das cotas, mostrando se o valor representado está acima ou abaixo da cota 0.00 utilizada como referencial.

Escada

Deve conter uma seta com a indicação S para a subida e D para a descida. Os degraus que estiverem localizados a uma altura superior a 120 cm devem ser representados em projeção, ou seja, tracejados.

Lareira

O corte interno da lareira deve ser representado esquematicamente.

Pérgola

Linhas tracejadas representam a projeção da pérgola no chão. Quando houver mais de um andar e a planta referir-se ao andar mais alto, traços inteiros representarão como ela é vista de cima.

Tijolos de vidro

Paredes de tijolos de vidro devem ser também indicadas na planta com divisões a cada 20 cm ou conforme o tamanho do tijolo. Como são compostas por vidro, os traços devem ser mais leves do que os que representam paredes de alvenaria.

Muros ou paredes de pedra

Os desenhos de pequenas pedras indicam o material do muro.

Projeção do telhado

Linhas tracejadas delimitam a projeção do telhado na construção.

Deck de madeira

Linhas paralelas finas, ou na medida das que são utilizadas no piso, delimitam a área.

Jardim ou jardineira

Pontilhados ou desenhos de plantas indicam a existência de jardim.

Cobertura

Quando vemos de cima, a cobertura deve ser representada pelas linhas das águas do telhado.

Gramado

Deve ser representado por pontilhado ou qualquer outra textura.

PONTOS DE ELÉTRICA

Estude detalhadamente como serão distribuídos os pontos de elétrica no projeto. Imagine-se dentro do espaço e circulando pelos ambientes. Pense onde gostaria de acender as luzes e onde serão necessárias as tomadas. Planeje com cuidado onde colocará a tevê, o computador, o aparelho de som, o telefone e todos os eletroeletrônicos requisitados em cada ambiente.

Símbolos referenciais são utilizados nos projetos dos pontos de energia elétrica. Diferentes profissionais muitas vezes usam símbolos distintos, portanto todos os desenhos devem conter legenda. Se precisar ou preferir, crie um novo símbolo e acrescente-o à legenda, a fim de possibilitar sua correta interpretação.

ATUALMENTE, COM O USO DA DOMÓTICA (SISTEMA COMPUTADORIZADO), EXISTE A POSSIBILIDADE DE INSERÇÃO DE PONTOS FLEXÍVEIS, QUE PODEM SER UTILIZADOS PARA DIFERENTES FUNÇÕES, CONFORME A NECESSIDADE. CASO O PROJETO ELÉTRICO NÃO SEJA TOTALMENTE EXECUTADO POR UMA EMPRESA ESPECIALIZADA EM DOMÓTICA, A PLANTA DEVERÁ MARCAR OS PONTOS COMPUTADORIZADOS E OS DEMAIS CONFORME ESPECIFICAÇÃO A SEGUIR.

SIMBOLOGIA

Quando projetamos os pontos de energia elétrica não calculamos os circuitos elétricos correspondentes. Determinaremos somente os locais, a quantidade e o tipo de lâmpadas que iremos usar em cada ponto, bem como onde e a que altura queremos os interruptores.

O local das tomadas, e sua finalidade (micro-ondas, geladeira, abajur, computador, etc.) bem como dos pontos para tevê e telefone (normal e interfone) deverá ser indicado com precisão. O projeto deverá ser encaminhado a um engenheiro ou eletricista qualificado, que então fará os cálculos da fiação, circuitos e rejuntores.

É ABSOLUTAMENTE IMPRESCINDÍVEL O DIMENSIONAMENTO CORRETO DOS CIRCUITOS, PORTANTO ESPECIFIQUE A QUE SE DESTINAM AS TOMADAS, QUAL O TIPO DE LÂMPADA PREVISTO EM CADA PONTO DE LUZ E A QUANTIDADE DE LÂMPADAS QUE SERÁ UTILIZADA EM CADA PONTO DE LUZ.

Como precaução, verifique se haverá necessidade de um ponto 220 V para chuveiros elétricos nos boxes. A altura das tomadas consideradas padrão é 30 cm para tomadas baixas e 120 cm para as altas.

Quando houver necessidade de uma tomada posicionada a uma altura diferente, anote a medida no projeto junto à referida tomada para que ela seja instalada corretamente.

As arandelas podem ter alturas que variam de 180 cm a 200 cm. Caso sejam instaladas junto ao espelho do banheiro, considere uma altura

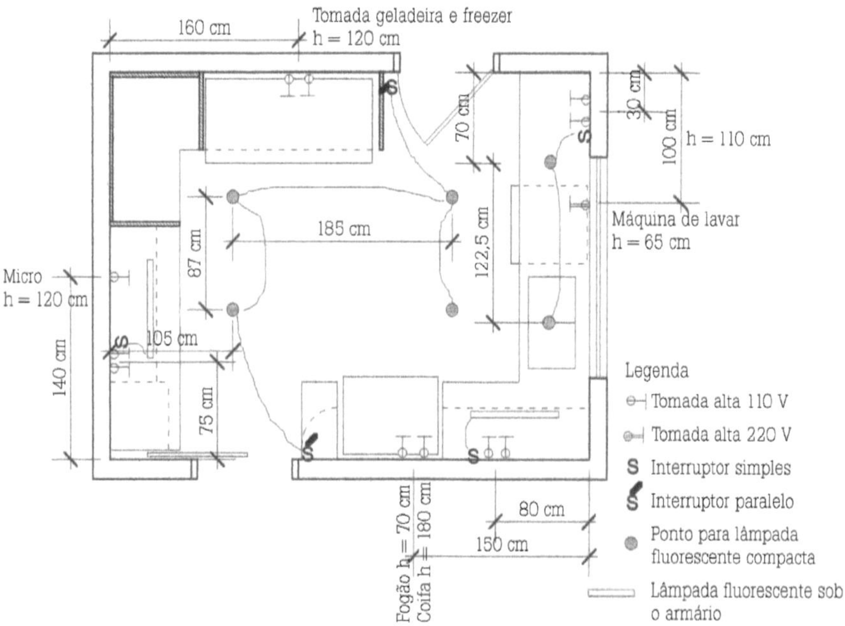

FIG. 30 – PLANTA COM PONTOS DE ELÉTRICA.

LEGENDA	
Símbolo	**Especificação**
	Ponto para lâmpada fluorescente
	Ponto de luz na laje
	Tomada baixa 220 V h = 30 cm
	Tomada alta 220 V h = 105 cm (chuveiro = 220 cm)
	Tomada estabilizada para computador
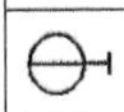	Tomada alta 110 V h = 105 cm
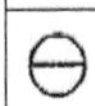	Tomada baixa 110 V h = 30 cm
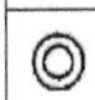	Ponto para dicroica embutida no forro
	Botão de campainha
	Campainha
	Arandela
	Tomada de piso 110 V
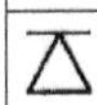	Ponto para telefone h = 30 cm
	Quadro de distribuição
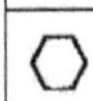	Ponto para lustre pendente
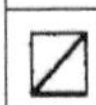	Ponto para central de som com tomada 110 V
	Ponto para caixa de som
S	Interruptor simples
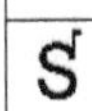	Interruptor paralelo
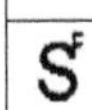	Interruptor intermediário
TV	Ponto para antena de tevê

Fig. 31 – Símbolos mais comumente utilizados. Podem ser criados símbolos diferentes. Para tanto, basta representá-los na legenda, especificando seu significado.

entre 140 cm e 160 cm. Determine a distância exata que deseja do piso e especifique na planta.

Tomadas para aparelhos de ar-condicionado, exaustores e fogões requerem diferentes alturas, dependendo do modelo do aparelho e das especificações dos fabricantes.

PONTOS DE HIDRÁULICA

A determinação correta e precisa dos pontos de hidráulica é fundamental. Meça as distâncias dos eixos das peças às paredes mais próximas, bem como a distância entre eles, quando se tratar de peças vizinhas (bidê e vaso sanitário, duas torneiras, etc.).

Verifique onde deseja a instalação dos registros e especifique as alturas. Estude onde irá instalá-los e, se possível, esconda-os em armários sobre ou sob as bancadas da pia ou do lavatório. Esse é um recurso que pode, muitas vezes, ajudar a economizar na hora da compra de materiais de acabamento, além de possibilitar um design mais limpo.

Estude a localização dos ralos, evitando que, ao tomar banho, os pés fiquem diretamente sobre ele ou que, ao lavar uma cozinha, a água tenha que ser levada até o ralo do banheiro de empregada para ser escoada. São erros projetuais que devem ser evitados.

Na cozinha, verifique o modelo de filtro que será utilizado e loque o ponto para ele. Verifique o modelo do refrigerador e a necessidade de ponto de hidráulica, caso a geladeira a ser utilizada produza gelo ou água gelada. Siga as instruções dos fabricantes.

Alguns modelos de aparelhos de ar-condicionado exigem tubo de captação de água. Verifique o modelo e as exigências dos fabricantes, evitando surpresas desagradáveis.

No banheiro, caso o bidê seja eliminado, considere a instalação de miniduchas com ou sem aquecimento.

ESPECIFICAÇÃO DE MATERIAIS

> A ESCOLHA APROPRIADA DOS MATERIAIS É, COM CERTEZA, UMA DAS MAIS IMPORTANTES ETAPAS DE UM PROJETO.

Infelizmente, tendemos a especificar materiais que fazem parte de nosso repertório, o que pode conduzir a resultados óbvios, soluções conhecidas e pouco inovadoras.

A pesquisa de novos produtos induz a resultados mais criativos e personalizados. A quantidade de novos materiais que chegam ao mercado anualmente é enorme, cabendo ao designer analisar esses novos produtos e utilizá-los, caso seja conveniente. Novos tipos de tintas, soluções construtivas com nova tecnologia e materiais de acabamento ou revestimentos com novas propriedades podem fazer toda a diferença no resultado final. Não devemos esquecer que produtos feitos de materiais reciclados, que consideram o meio ambiente e que contribuem para a sustentabilidade do projeto precisam ser fortemente considerados quando da especificação final dos materiais a ser utilizados.

Fatores climáticos, culturais e modismos exercem grande influência na escolha de determinado material, embora, muitas vezes, seu apelo visual não corresponda às suas características funcionais, práticas, ecológicas, tampouco a seu custo. Portanto, cabe ao profissional estabelecer corretamente a relação custo-benefício, bem como priorizar os pontos importantes e relevar os não fundamentais do contexto projetual, culminando assim numa escolha mais adequada e coerente.

AVALIAÇÃO DE UM MATERIAL

Adequação à utilização

É o ponto de partida para começarmos a considerar se um material é apropriado a um ambiente. Nessa primeira triagem, os fatores a ser considerados são a durabilidade, a resistência, as dificuldades de manutenção, as propriedades termoacústicas e o grau de segurança que o material apresenta quando da execução das atividades previstas no ambiente.

Se o espaço em questão não necessita de materiais com boa propriedade acústica, a opção por um piso de cerâmica vitrificada pode ser considerada. Já em um home theater, embora esse mesmo material possa preencher praticamente todos os requisitos do projeto, ele deve ser descartado por não preencher a necessidade prioritária do ambiente, que é a de possibilitar uma acústica perfeita. Portanto, os materiais selecionados devem prioritariamente suprir as necessidades indispensáveis ao ambiente, ou seja, os aspectos funcionais importantes, como a acústica, as características térmicas e de manutenção, e depois as características estéticas do projeto.

Contribuição estética

A padronagem, a gama de cores, as texturas, os acabamentos, as dimensões e as formas, e quanto o material em questão irá contribuir para um resultado estético harmônico, tudo isso deve ser julgado.

Um determinado revestimento pode não estar disponível ou não existir na cor ou no tom desejado para o projeto, embora preencha todos os demais requisitos do ambiente. Quando a cor não for um elemento determinante e sua substituição, ou do tom, mantiver o conceito e a filosofia do projeto, considere sua alteração em benefício das demais propriedades.

Contribuição ao meio ambiente

Cada material é feito de determinada matéria-prima procedente de uma fonte especifica. Procure garantir que o material utilizado não venha de uma fonte que desrespeite o meio ambiente. Escolher materiais que também contribuam para a redução do consumo de energia é sensato e deve ser uma das diretrizes do processo seletivo dos materiais.

Custo

Entre todas as opções selecionadas e que se adaptam perfeitamente ao projeto, analise a que apresenta a melhor relação custo-benefício.

O preço de um material que a princípio parecia muito alto pode tornar-se justo quando concluída essa análise. Revestimentos de custo baixo podem, ao final desse levantamento, tornar-se comprovadamente mais caros do que seus concorrentes pelo baixo grau de satisfação que incorporam ao projeto final. Em alguns casos, porém, pode valer realmente a pena adquirir o mais barato e economizar.

> FAZENDO UMA ANÁLISE CAUTELOSA DAS OPÇÕES DISPONÍVEIS NO MERCADO, MUITO DIFICILMENTE OCORRERÃO ERROS E PRECIPITAÇÕES NA HORA DA ESPECIFICAÇÃO DOS MATERIAIS.

ORÇAMENTOS

Para uma ideia mais precisa e real dos custos de uma obra, é sempre previdente que se façam pelo menos dois ou, melhor ainda, três orçamentos para a cotação de preços de mão de obra e de material. Se a variação de preço for muito grande, certifique-se de que não está relacionada com a qualidade do serviço e/ou do material a ser utilizado.

Muitas vezes, encontramos concorrentes com preço muito mais em conta do que o previamente definido, mas com pequena variação na tonalidade, nas dimensões ou no acabamento de um revestimento. Pondere as implicações e, caso não ocorra nenhum comprometimento do projeto final, decida-se por essa opção. Uma pequena economia com materiais similares, que não alterem o resultado final, pode representar uma margem maior e melhor de negociação quando da escolha e compra de outros materiais de revestimento ou acabamento, ou mesmo a realização de uma parte do projeto que havia sido adiada por motivos financeiros.

> SAIBA ONDE ECONOMIZAR E GASTE ONDE É FUNDAMENTAL. ANALISE A RELAÇÃO CUSTO-BENEFÍCIO DOS MATERIAIS. AGINDO ASSIM, O RESULTADO FINAL DO PROJETO SERÁ GRATIFICANTE NÃO SOMENTE DO PONTO DE VISTA VISUAL OU FUNCIONAL, MAS TAMBÉM ECONÔMICO.

6 ESPAÇOS SOCIAIS

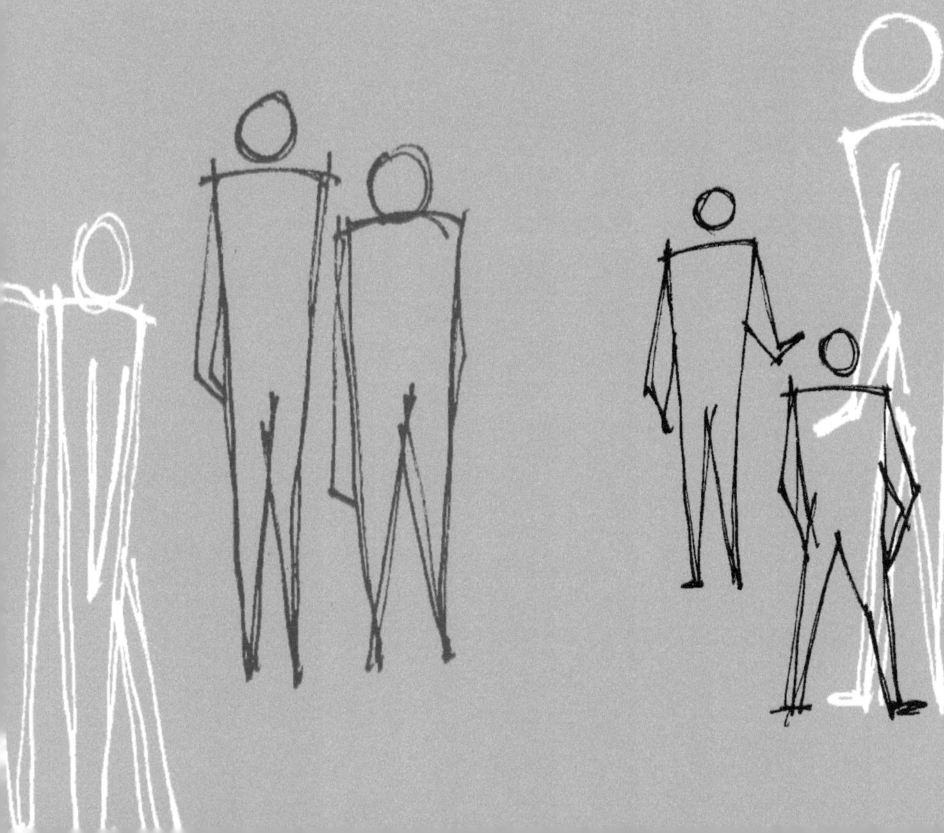

O PROJETO DE ESPAÇOS SOCIAIS

Os ambientes destinados à sociabilização devem ter uma atmosfera que propicie a convivência entre as pessoas, que estimule a conversação nos livings e que inspire o relaxamento e a concentração em salas de home theater. Estude a dinâmica das relações entre as pessoas que utilizarão o espaço, bem como o que elas esperam desses ambientes.

Levante cuidadosamente as atividades que serão realizadas nos ambientes e todos os elementos que necessariamente devem estar presentes no projeto para que essas atividades ocorram de modo satisfatório. Busque soluções criativas e personalizadas para cada ambiente. Projetar requer pesquisa, empenho, dedicação e criatividade.

HALL DO ELEVADOR E DE ENTRADA

O hall do elevador é sempre um espaço problemático, pois, na maioria das vezes, pertence a famílias diferentes. Nesse caso, deve ser um pouco mais impessoal e servir à maioria dos vizinhos.

O importante é lembrar que se trata de um espaço, na maioria dos casos, muito pequeno e onde várias pessoas ficarão isoladas por um determinado tempo. Escolha sempre materiais de acabamento resistentes e laváveis, que ajudem a criar uma atmosfera tranquila e harmônica.

Cores claras ou grandes espelhos ajudam a ampliar os ambientes, sendo ideais para esses locais. A utilização de cor forte deve ocorrer, preferencialmente, apenas em uma parede. Tenha certeza de que uma iluminação bem projetada ajuda a clarear a área, evitando que o espaço se torne claustrofóbico.

Quando o hall é muito pequeno, cores mais escuras no piso e no teto ajudam a "abaixar" o pé-direito e a "alargar" o espaço. Um espelho é altamente recomendado nesses casos. Além de clarear e aumentar visualmente o espaço, serve também para a verificação do visual das pessoas antes de entrar em uma residência. Portas pintadas de branco em halls pequenos são uma solução melhor do que pesadas portas de madeira.

Caso o hall seja só para um apartamento, considere-o como uma extensão dele e prolongue a atmosfera interna. A iluminação por arandelas é uma opção acolhedora.

Halls internos devem ser uma pequena amostra do que será encontrado no apartamento. A porta de entrada pode ser diferente das demais em material e tamanho, mas deve manter o mesmo estilo. Uma porta de demolição pode ser utilizada como peça distinta, um centro de interesse, dando um charme a mais.

LIVING

Pode ser destinado à convivência familiar, a recepções sociais, ou simplesmente um local para relaxamento ou refúgio. Defina que função essa área terá, que atividades ali acontecerão, quantas pessoas e com que frequência o utilizarão, e, com criatividade, use os inúmeros recursos de que dispõe.

A circulação deve ser mais natural nos ambientes informais, isto é, sem rigidez no traçado dos caminhos internos do ambiente. Espaços grandes podem ser setorizados ou subdivididos por meio do piso (diferentes materiais, níveis, tapetes, etc.) ou do teto (forros rebaixados ou elevados, de madeira ou gesso).

Deixe a circulação fluir sem problemas. Force a mudança de trajeto somente em casos onde for indispensável fazê-lo para garantir uma distribuição interna mais apropriada.

Crie centros de interesse com texturas, cores ou mesmo diferentes materiais. O ambiente será visualmente mais dinâmico e interessante.

Para espaços mais formais, prefira soluções mais previsíveis e ângulos mais retos e ortogonais.

Grandes aberturas, como janelas ou portas de vidro, ajudam a trazer a área externa para dentro, ampliando o horizonte e aumentando a sensação espacial. Valorize as vistas ampliando o campo visual. Estude a locação das portas e janelas para garantir claridade, ventilação e integração.

Diferentes tipos de iluminação num mesmo ambiente podem dar vida e criar atmosferas interessantes. Uma opção baseada em luminárias de mesa (abajures) ou de efeito, focada nas mesas laterais e/ou de centro, é sem dúvida uma versão mais aconchegante e intimista. Use plafons centralizados para fazer a iluminação geral e criar uma atmosfera menos intimista. Se precisar de luz de apoio para dias de festa ou recepções, tocheiros (luminárias de chão) podem fornecer a luz necessária para transformar o ambiente num local claro e cheio de vida. Portanto, o projeto de iluminação, neste caso, pode criar três atmosferas diferentes para o mesmo ambiente.

Imagine o que irá acontecer no espaço, estude a circulação, veja-se caminhando por ele e então determine onde posicionar os interruptores e tomadas. Uma alternativa interessante é colocar o comando para as tomadas no interruptor. Assim, os abajures ou luminárias poderão ser comandados por meio de interruptores posicionados na entrada da sala. Lâmpadas de facho estreito, iluminando de baixo para cima vasos de plantas, podem funcionar como luminárias e, dependendo do tipo de vegetação escolhida, a sombra projetada no teto será muito interessante.

Caso a leitura seja uma atividade reservada a esse ambiente, planeje iluminação natural e artificial apropriadas. Uma mesa de jogos também requer iluminação específica.

Estude onde deverá ser colocado o aparelho central de som e se haverá necessidade de caixas distribuídas pela casa. É muito mais fácil prever e instalar esses recursos durante a construção ou a reforma.

Distribuição

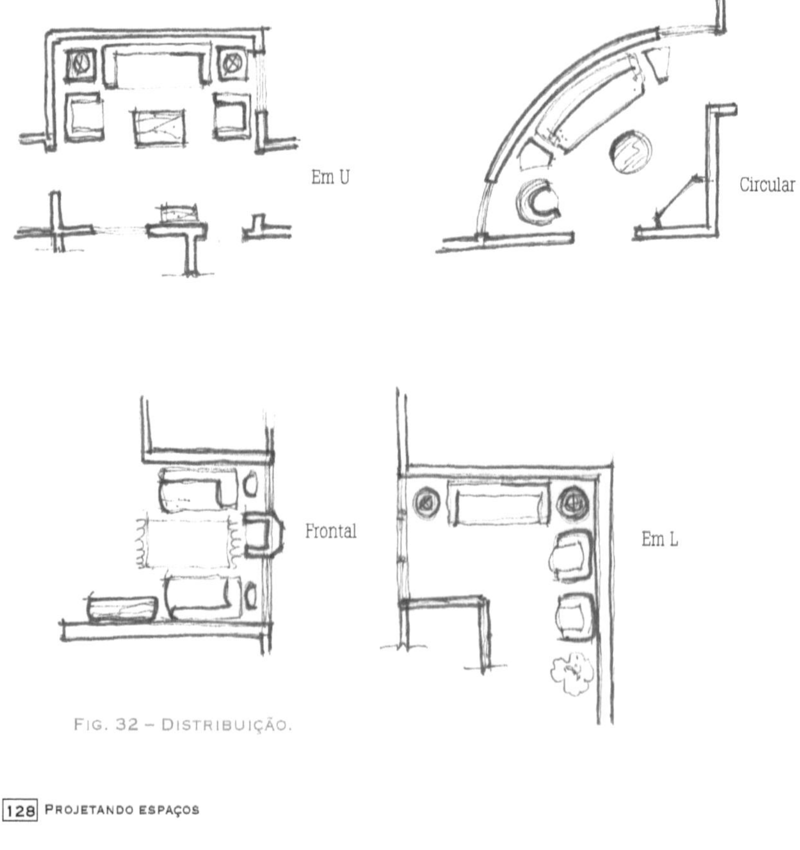

Fig. 32 – Distribuição.

Dependendo da quantidade de pessoas, da dinâmica do ambiente e das vistas que devemos explorar, podemos utilizar diferentes soluções de distribuição.

Qualquer uma dessas opções de solução interna poderá, ainda, estar compondo um ambiente ortogonal (distribuição paralela às paredes) ou oblíquo (distribuição inclinada ou em ângulo em relação a elas).

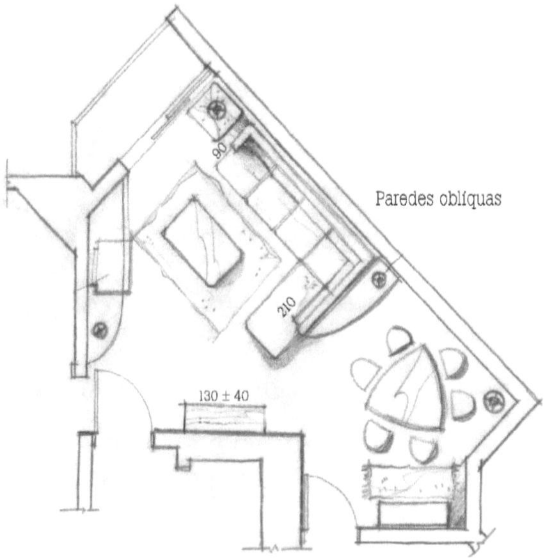

Fig. 33 – Paredes em ângulos diferentes forçam um tipo de solução que será sempre oblíqua a algumas das paredes do ambiente. O resultado pode ser bem interessante e criativo.

SALA DE JANTAR

Deve estar localizada próximo à cozinha e com fácil acesso a ela. Evite diferenças de piso entre essas áreas. Quase sempre haverá alguém com uma bandeja na mão circulando entre esses ambientes.

Portas de correr são uma boa opção para ligar a sala de jantar ao living. Permitem que os ambientes se integrem em dias de festa, ou ainda que se mantenha a sala de jantar oculta no dia a dia.

Lembre-se de que linhas retas, paredes ortogonais e soluções tradicionais estão relacionadas a ambientes mais formais.

Crie centros de interesse para dinamizar e deixar a atmosfera mais interessante. Muitas vezes, alterando a cor de uma parede alteramos toda a dinâmica de um ambiente, dando-lhe mais personalidade.

Portas, painéis de vidro ou janelas que mostrem jardins externos iluminados podem garantir uma vista relaxante e agradável.

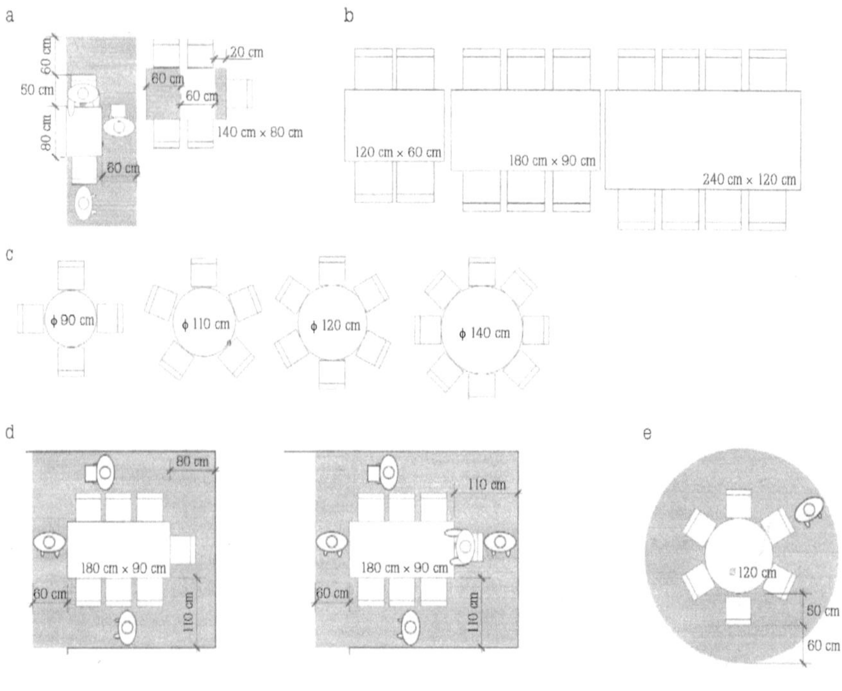

FIG. 34 – A) PARA CADA PESSOA, CONSIDERE UM ESPAÇO DE MESA MAIOR OU IGUAL A 60 CM. QUANDO UTILIZAR AS CABECEIRAS DAS MESAS, ACRESCENTE DE 20 CM A 40 CM, PARA CADA UMA DELAS, AO TAMANHO TOTAL DA MESA. B) TAMANHOS DE MESAS RETANGULARES SEM A UTILIZAÇÃO DAS PONTAS. C) TAMANHOS DE MESAS CIRCULARES. D) PARA QUE UMA PESSOA CIRCULE POR TRÁS DA CADEIRA OCUPADA, DEIXE 110 CM ENTRE O TAMPO DA MESA E AS PAREDES OU MÓVEIS (50 CM PARA A CADEIRA E 60 CM PARA CIRCULAÇÃO). QUANDO NÃO HOUVER CIRCULAÇÃO, 80 CM ATÉ A PAREDE É UMA BOA DISTÂNCIA. E) ESPAÇO ACONSELHÁVEL PARA UMA BOA CIRCULAÇÃO (QUANDO DA UTILIZAÇÃO DE MESAS CIRCULARES).

Nesse tipo de ambiente pode-se utilizar um forro de gesso com sanca de iluminação. Se essa for a opção, cuidado para que a iluminação da sanca não fique muito brilhante ou viva. Use preferencialmente lâmpadas fluorescentes amareladas ou LED. A utilização de gás neon é mais conveniente em ambientes comerciais por seu efeito puramente decorativo.

Podem-se criar variações de iluminação com a possibilidade de um jantar mais intimista ou uma festa informal. Um lustre pendente sobre a mesa (algumas peças possibilitam dois tipos de iluminação: indireta e/ou difusa numa mesma luminária), com ou sem dimmer, pode dar mais aconchego e charme.

Arandelas nas paredes podem funcionar como apoio num jantar a velas. Uma iluminação por arandelas nas laterais do aparador, por exemplo, pode completar a iluminação geral.

Analise como seria caminhar pelo ambiente e escolha corretamente o posicionamento dos interruptores e tomadas.

COPA

Para muitas famílias a copa é mais importante do que a sala de jantar. É o lugar de reunião familiar e onde as pessoas passam muitas horas juntas. Deve ser aconchegante e ter caráter particular.

Acoplada à cozinha, deve ter acesso fácil e desbloqueado. Evite portas vaivém, pois, dependendo das dimensões, incomoda e é perigosa para as crianças. Cores ligeiramente quentes ajudam a dar aconchego. Use cores entre o amarelo e o vermelho se quiser estimular o apetite. Tons de amarelo darão uma ajuda extra pela manhã, pois essa cor acelera e estimula nosso cérebro. Estude as cores e escolha as que mais se adaptam à sua proposta.

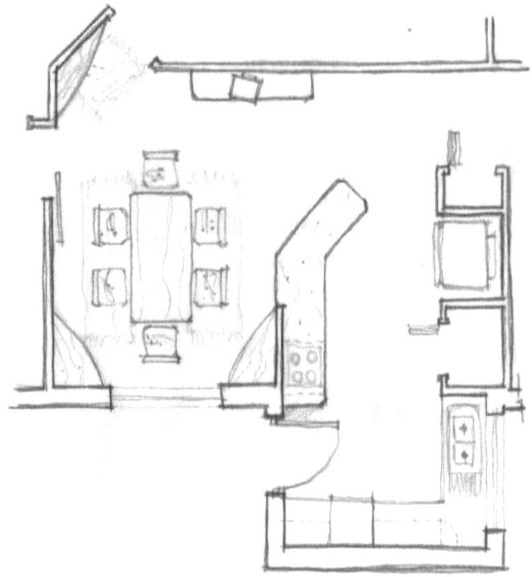

Fig. 35 – O espaço destinado à copa deve seguir as exigências da família em questão. Ela pode ser o local de estudo para algumas crianças enquanto a mãe está ocupada com os preparativos das refeições, ou o local das refeições diárias de toda a família reunida. Portanto, a mesa deve ser dimensionada corretamente.

Fig. 36 – Um terceiro ambiente pode ser acoplado à cozinha. Conhecido como sala da família, é, na maioria das vezes, destinado às crianças e seus amigos. Pode ter sofás, tevê ou ainda mesas de jogos.

Os materiais de acabamento devem ser de fácil manutenção. Armários de fácil acesso para guardar louças e utensílios utilizados no café da manhã e no almoço garantem comodidade e praticidade.

Verifique se haverá necessidade de colocar pontos para tevê e micro-ondas, bem como para os eletrodomésticos que deverão ser utilizados ali (torradeira, forninho, sanduicheira, etc.).

Iluminação direta sobre a mesa é sempre a mais escolhida por criar uma atmosfera aconchegante. Acrescente iluminação geral em sanca de gesso (luz fluorescente), caso o ambiente seja escuro. Use lâmpadas dicroicas para iluminação de efeito, direcionadas para as paredes ou cristaleiras.

HOME THEATER

Muito popular, este ambiente vem se tornando indispensável nos projetos ou reformas residenciais. Nada mais é do que uma sala com sistema de som que simula a sensação de cinema na televisão ou no telão. Na realidade, são basicamente cinco caixas de som (quatro comuns e uma para os diálogos), mais um subwoofer e um amplificador.

Encontramos desde sistemas práticos, econômicos e muito simples até sistemas sofisticados e complexos, com telões, projetores, etc. O sucesso deste "cinema em casa" está certamente associado às mudanças sociais pelas quais estamos passando. Vivemos uma vida com menos segurança e mais preocupações. O home theater veio como uma solução inteligente que reagrega a família e a mantém dentro de casa, onde, teoricamente, a vida é mais segura.

O mais importante no projeto deste ambiente é saber que equipamentos serão utilizados para que possamos dimensionar o espaço de acordo com eles. Ou, num processo inverso, medir o espaço destinado a ele e definir o equipamento que se adapte às dimensões predeterminadas.

Cada televisor deve seguir especificações de distâncias mínimas para que a imagem seja clara e nítida. Equipamentos de som muito possantes são impraticáveis em ambientes pequenos, principalmente tratando-se de um apartamento e não de uma casa.

A locação dos equipamentos deve ser correta e seguir as especificações dos fabricantes. Analise onde posicionar os pontos de luz, tevê, som, etc. Estude onde serão locadas as caixas de som (embutidas no forro, externas em suportes, externas junto ao forro, no mobiliário, etc.) para que seja prevista a tubulação embutida na parede ou no mobiliário.

> SE OS EQUIPAMENTOS DE TEVÊ, SOM, COMPUTADOR, ETC., TIVEREM CONEXÃO WI-FI, AS TUBULAÇÕES EMBUTIDAS PODERÃO SER ELIMINADAS, DANDO MAIOR FLEXIBILIDADE AO PROJETO.

A escolha dos materiais de acabamento desempenha papel importante neste ambiente. Revestimentos de piso como carpetes ou tapetes são indispensáveis para garantir uma boa acústica. Superfícies brilhantes e polidas irão prejudicar a qualidade do som, pois aumentam sua reverberação.

Uma atmosfera mais aconchegante e acolhedora se consegue com iluminação indireta e/ou de efeito. Existem no mercado alguns sistemas de iluminação controlados por computador ou controle remoto que garantem praticidade e conforto, mas a um custo elevado.

Como a mesma aparelhagem de som utilizada para o home theater pode (dependendo do modelo) permitir a sonorização de outros ambientes de uma casa, se for o caso, projete a distribuição de caixas de som, embutidas ou não, em diferentes cômodos. Caso a solução seja a utilização

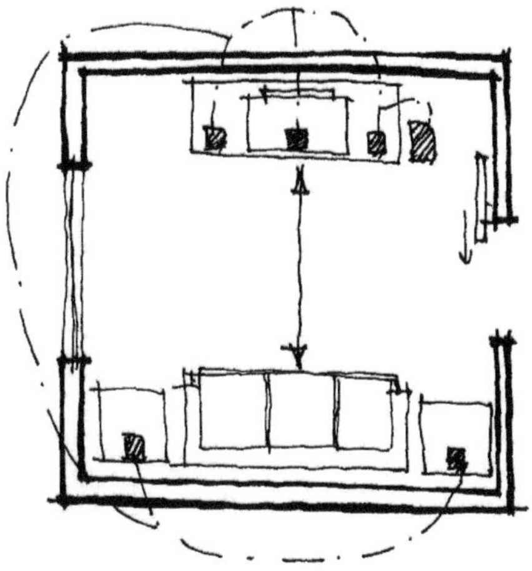

Fig. 37 – As caixas de som devem ser corretamente posicionadas para que o efeito sonoro seja correto. As caixas junto ao sofá devem ser colocadas na altura dos ouvidos das pessoas sentadas. A caixa central, correspondente à fala, deve ficar, como diz o nome, no centro, acima ou abaixo da tevê. As duas caixas restantes podem ser instaladas no teto ou no móvel da tevê. O subwoofer (caixa de tons graves) deve ficar no chão.

de conexões Wi-Fi, as caixas podem ser instaladas sem a necessidade de fiação ou tubulação.

A ventilação é muito importante, bem como a iluminação natural, mas opte por soluções que permitam escurecer ao máximo o ambiente.

Portas de correr (embutidas ou não) podem dividir os espaços do living e do home theater, permitindo diferentes composições para os espaços sociais.

SALA DA LAREIRA

Existem várias formas de aquecimento que dispensam a lareira, mas ela ainda representa muito mais do que simples aquecimento. É sinônimo de aconchego, de relaxamento e de atmosfera acolhedora.

Foto 4 – Pé-direito alto, vidros e materiais de revestimento frios exigiram lareira maior e com sistema duplo de captação de ar. Foto e projeto: arquiteto Thomas Rivard, Nova Gales do Sul, Austrália.

Nada mais gostoso do que sentar próximo a uma lareira e relaxar. Portanto, pense com carinho neste ambiente. Defina o tipo de lareira que deseja usar (à lenha, elétrica ou a gás), o que espera deste ambiente (leitura, jogos, bate-papo, tevê). Como no verão, dependendo da região e do país, a lareira não é acesa, esse ambiente poderá ser utilizado para outras atividades.

A iluminação indireta ou de efeito ajuda a criar uma atmosfera aconchegante. Uma opção mais intimista pede arandelas ou abajures, em geral com plafons ou spots embutidos, direcionados e com lâmpadas dicroicas (lâmpadas halógenas com refletor dicroico), ou indireta com spots ou tocheiros. Escolha a que mais lhe agradar.

A lareira deve preferencialmente ser o centro das atenções nesse ambiente. Escolha uma forma diferente, pinte a parede onde será instalada ou abuse da textura. Evite associar muita informação ao mesmo tempo, pois o resultado pode cansar ou ficar carregado.

O duto da lareira pode estar embutido na parede ou ficar externo, ter seção quadrada, retangular ou circular, e ainda ser de diferentes dimensões, dependendo do comprimento. A seção mínima deve ser de 20 cm por 20 cm e altura, de 400 cm aproximadamente.

São diversos os formatos e os materiais disponíveis. Os tipos de revestimento são infindáveis: pedra, alvenaria pintada, tijolo aparente, madeira, mármore, granito... Defina a atmosfera que deseja para o ambiente e verifique que material se adapta melhor a ela.

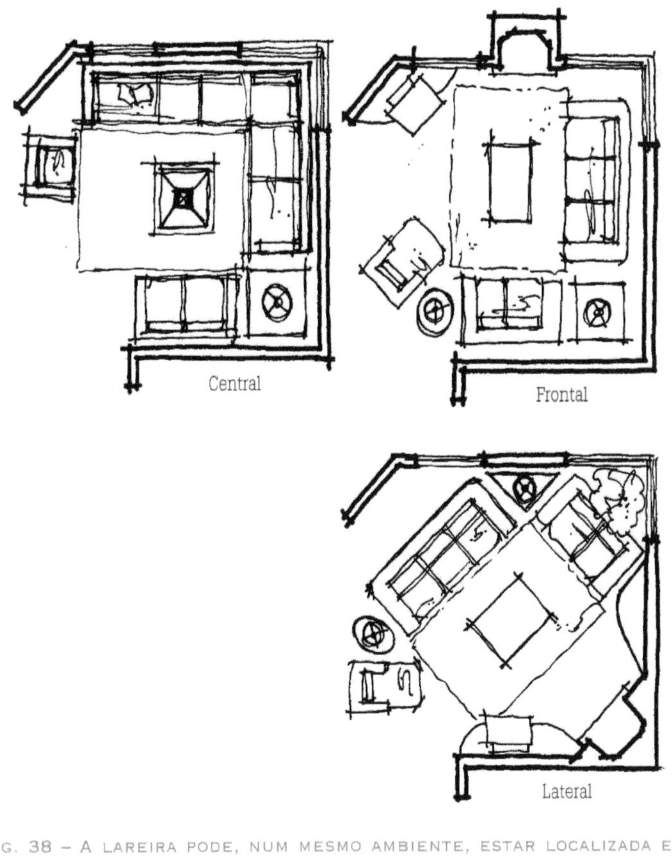

Fig. 38 – A lareira pode, num mesmo ambiente, estar localizada em diversas posições, criando portanto diferentes opções de distribuição.

Hoje em dia, é muito fácil chegar às dimensões corretas de uma lareira, já que diversos fabricantes vendem estruturas pré-fabricadas na medida certa para a área do ambiente onde será instalada. Assim, basta fornecer-lhes o comprimento, a largura e o pé-direito do ambiente.

SALA DE BRINQUEDOS OU JOGOS

Espaço destinado às crianças, deve ter a atmosfera alegre e estimulante. Faça uma lista dos equipamentos que serão utilizados nele (computador, videogame, televisão, vídeo ou DVD, aparelhos de som, etc.) e setorize o espaço de modo a obter seu melhor aproveitamento. Determine com precisão os pontos de tomada e luz que serão necessários e onde

FIG. 39 – AS MESAS DE BILHAR MAIS UTILIZADAS EM RESIDÊNCIAS TÊM AS SEGUINTES DIMENSÕES EXTERNAS: 225 CM X 125 CM E 215 CM X 120 CM. NO PRIMEIRO CASO, A DIMENSÃO DA SALA DEVERÁ SER DE 490 CM X 390 CM E, NO SEGUNDO, 480 CM X 385 CM. NAS PAREDES, DEVERÃO SER INSTALADOS O CONTADOR E O SUPORTE PARA OS TACOS, QUE OCUPARÃO UMA ÁREA APROXIMADA DE 150 CM X 75 CM CADA JOGO DE 12 TACOS.

deverão ser locados. Pense em cada detalhe, como, por exemplo, no armazenamento de brinquedos, fitas de vídeo, games, CDs, DVDs, etc.

A iluminação natural abundante é altamente recomendada. Abuse de janelas (com proteção) e portas de correr ou abrir para pátios internos. Garanta a circulação e a ventilação do ar.

Materiais de fácil manutenção e de tato agradável são os mais indicados. Use tintas resistentes e laváveis. Superfícies polidas aumentam a propagação do som, portanto opte por superfícies mais porosas e opacas.

Lembre-se de que as crianças não permanecerão crianças eternamente e que, no futuro, esta sala deverá ser transformada em sala de estudos, salão de jogos ou mesmo home theater. Defina os materiais tendo em mente essa transformação.

Escolha os jogos (lousa, casa de brinquedos, bilhar, tênis de mesa, pebolim, etc.) e verifique as distâncias mínimas necessárias para que sejam usados sem problemas. Verifique o tipo de iluminação adequada e, se for o caso, os aparatos extras que possam ser necessários.

Dependendo do jogo, podemos criar atmosferas diferentes, como por exemplo mais formais para o bilhar ou mais divertidas para o pebolim.

SALA DE GINÁSTICA

Próxima à piscina e à sauna, aberta para o jardim ou pátio interno, junto à suíte principal ou mesmo num dos dormitórios da residência, este ambiente se torna cada vez mais popular e cobiçado. Terrenos grandes possibilitam que a sala de ginástica seja localizada separadamente do corpo principal da casa, mas, mesmo acoplada a ela, pode haver soluções bem interessantes.

Estude os movimentos do sol e dos ventos e distribua as portas e janelas de modo a intensificar a circulação de ar no ambiente. Grandes janelas ou portas permitem vistas agradáveis e melhor qualidade do ar, além de ampliar visualmente o ambiente, caso ele seja relativamente pequeno.

Determine os aparelhos que deseja colocar no ambiente. Cheque a área que necessariamente deve existir e defina como distribuí-los de modo a manter a circulação desbloqueada. Caso o ambiente já exista e sofra uma adaptação, verifique que aparelhos podem ser colocados nele e então faça a escolha dos que mais lhe convêm.

A face sul, que praticamente não recebe sol, é ideal para a instalação de grandes painéis de vidro, permitindo que o jardim adentre o ambiente. Uma parede de tijolos de vidro também é uma solução para essa face, quando a vista não é nem um pouco agradável.

Ventiladores de teto ou parede, bem como exaustores no telhado, são opções visualmente interessantes e incrementam a ventilação no ambiente.

A iluminação geral pode ser feita por lâmpadas fluorescentes em sancas, painéis de vidro jateado ou acrílico no teto, calhas externas ou ainda spots embutidos. Utilize sempre difusores de luz (vidros jateados) para evitar que a luz incomode os olhos das pessoas quando elas estiverem utilizando os aparelhos de ginástica. As luminárias de facho direto e concentrado devem ser usadas somente para dar algum efeito, iluminando quadros ou objetos decorativos nas paredes.

Distribua pontos de tomada nas paredes e verifique a necessidade de pontos no piso. Determine a localização exata dos pontos para tevê, DVD, vídeo, som, computador, frigobar e demais equipamentos que devam ser instalados no ambiente.

O revestimento do piso deve ser prático e seguro. Pisos vinílicos, emborrachados ou qualquer outro material antiderrapante são os mais indicados por absorver melhor o impacto e o som. Tinta acrílica na parede garante uma melhor manutenção.

Opte por cores e tons que estimulem o movimento. Tons de laranja, além de estimular o corpo, ajudam a sociabilização e criam uma atmosfera propícia ao divertimento. Use-os com sua complementar, azul, em tons claros, que ajudam a acalmar e a refrescar.

7 ESPAÇOS PRIVATIVOS

DORMITÓRIOS

Dormir é uma necessidade básica do ser humano, e o espaço destinado a essa atividade deve ser relaxante, ventilado e bem iluminado. A atmosfera precisa ser aconchegante e acolhedora. Junto aos armários e nas áreas de circulação e de estudo, se existirem, deve haver boa iluminação.

Ler, relaxar, ver tevê, ouvir música, escrever, organizar as próprias coisas e finalmente dormir são atividades que podem acontecer num dormitório. Para cada uma delas existem requisitos específicos que devem ser considerados.

DIMENSÕES

As camas podem ser encontradas em diferentes tamanhos e estilos. De simples estruturas a complexas camas com controle remoto.

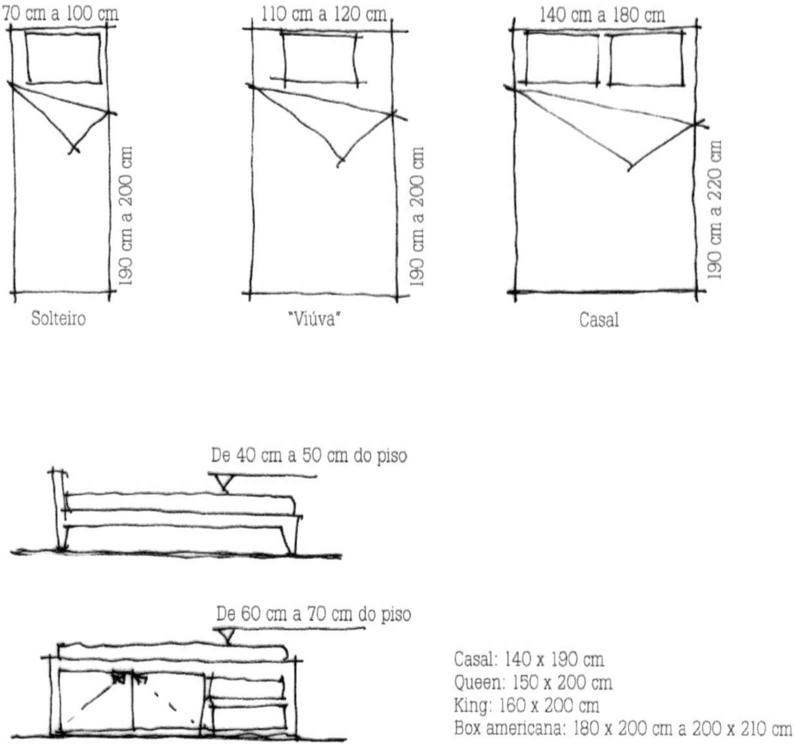

FIG. 40 – AS MEDIDAS ACIMA SÃO AS QUE MAIS COMUMENTE SE ENCONTRAM NO MERCADO. ESCOLHA A ESTRUTURA E O TAMANHO QUE SE ADAPTE MAIS ÀS PROPORÇÕES DO AMBIENTE.

CORES

Paredes em tons pastel, ligeiramente quentes, ajudam a criar uma atmosfera aconchegante, necessária neste ambiente. Evite tons e cores muito fortes e vibrantes, que agitam a mente, dificultando o processo de relaxamento. Tons de azul são refrescantes e ajudam a relaxar.

CIRCULAÇÃO

Deve ser livre e desimpedida, pois não raramente precisamos nos locomover no escuro. Respeite as distâncias que garantem movimentos livres e sem perigo de colisão. Lembre-se de que, ao locar um armário próximo à cama, é preciso considerar a abertura das portas, o espaço ocupado pelo corpo junto a ele, e o movimento de pegar o que se precisa, guardar e abaixar.

PORTAS

A localização das portas deve garantir o melhor aproveitamento interno, bem como a privacidade no ambiente.

VENTILAÇÃO

Posicione as janelas e portas de modo que favoreça a entrada do sol da manhã e bloqueie o sol da tarde. Nada mais agradável do que brisa e sol no ambiente.

A ventilação deve ser boa. Caso ela não ocorra naturalmente ou seja insuficiente, acrescente ventiladores de teto, que podem ajudar a forçar o movimento do ar.

Portas-balcões são muito interessantes, mas não esqueça que oferecem bem pouca privacidade. Elementos agregados a elas, ou mesmo externos à construção (por exemplo, barreira de plantas, treliças, etc.), podem ajudar a bloquear a visão externa.

ILUMINAÇÃO E TOMADAS

Qualquer que seja a faixa etária do ocupante do dormitório, permita que o acendimento de pelo menos uma luz seja feito em paralelo, ou seja, junto à porta de entrada e ao lado da cama. Não posicione o interruptor centrado na cabeceira, mas sim junto ao móvel lateral (criado-mudo) à cama, e na altura mais conveniente. Essa opção proporcionará maior comodidade aos ocupantes. Em dormitórios de casal ou compartilhados por mais de uma pessoa, considere a instalação de um interruptor intermediário, para que a comodidade seja comum a todos.

NÃO ECONOMIZE EM TOMADAS. PORTANTO, LEVANTE AS NECESSÁRIAS EM CADA PAREDE E POSICIONE-AS CORRETAMENTE. INSTALE UMA TOMADA JUNTO À PORTA DE ENTRADA PARA LIGAR ASPIRADOR DE PÓ, AQUECEDOR, ENCERADEIRA OU QUALQUER OUTRO ELETRODOMÉSTICO UTILIZADO NA LIMPEZA GERAL DA CASA.

Uma iluminação geral, uma de efeito e outra de tarefa, com acendimentos independentes, são as mais indicadas. Elas permitirão maior flexibilidade no acendimento. Cuidado na escolha de luminárias de leitura ou abajures. Dê preferência às lâmpadas fluorescentes compactas ou LEDs. As lâmpadas halógenas, mesmo sendo dicroicas, podem esquentar se o foco for concentrado e próximo. As arandelas são sempre uma boa opção para os dormitórios. Encontradas em diferentes modelos e opções de facho de luz, são versáteis. Uma iluminação de efeito poderá dar personalidade e caráter ao ambiente. Explore a iluminação de coleções, objetos de arte, quadros, fotografias, etc.

MATERIAIS

Pisos frios, como o cerâmico, devem preferencialmente receber tapetes próximos à cama. Se preferir maior aconchego, opte por pisos quentes, como madeira, laminados ou vinílicos, que também são de fácil manutenção, sem o inconveniente do tato quanto à temperatura. Os carpetes ajudam na acústica e podem criar efeitos muito interessantes e criativos. Evite-os em dormitórios de pessoas com problemas alérgicos.

Se o ambiente tiver o pé-direito alto, escureça a cor do piso para conseguir um resultado mais aconchegante. Já em dormitórios pequenos, prefira pisos claros.

CASAL

O tamanho da cama varia de acordo com o tamanho do colchão e com o modelo escolhido. Em espaços pequenos opte por camas de altura próxima à padrão, de 45 cm. Camas mais altas, com duplo colchão, são ideais e mais recomendadas para ambientes relativamente amplos.

Garanta boa circulação dos dois lados da cama. O lado mais prejudicado deverá ter no mínimo 50 cm, quando o espaço não permitir os 60 cm recomendados. Respeite e considere as medidas necessárias para cada atividade desenvolvida no ambiente.

O acendimento da iluminação do dormitório deve contar com pelo menos um ponto em paralelo ou, melhor ainda, com um interruptor intermediário junto à cama. O acionamento de ambos os lados da cama é uma facilidade muito conveniente. Esse acendimento pode controlar um ponto de arandela ou o ponto central que ilumine toda a área de circulação. A instalação de dimmer na iluminação geral é indicada caso não seja possível a colocação de diferentes pontos de luz.

Uma mesma área permite distintas variações de projeto. Para um mesmo espaço é possível criar inúmeras distribuições internas. Explore o maior número de opções até encontrar a que mais se adapte ao seu projeto.

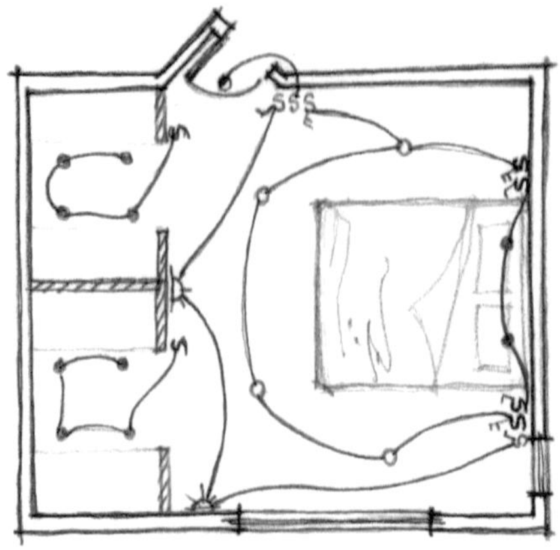

FIG. 41 – EXEMPLO DE DISTRIBUIÇÃO DE PONTOS DE LUZ E INTERRUPTORES.

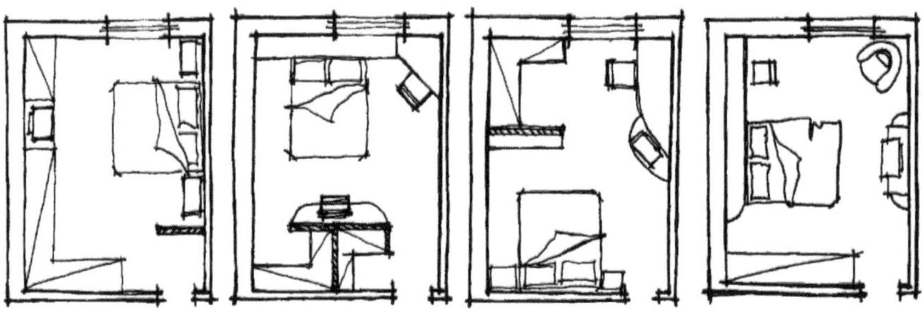

FIG. 42 – UM MESMO DORMITÓRIO DE CASAL E QUATRO OPÇÕES DE DISTRIBUIÇÃO DOS ARMÁRIOS OU CLOSETS.

CRIANÇAS E ADOLESCENTES

Com o passar dos anos, o quarto das crianças mudará de função e de necessidades. Do 0 aos 3 anos, dos 4 aos 6, dos 7 aos 10 e dos 11 em diante, as necessidades alteram-se, tornando-se mais complexas, já que as etapas da vida vão mudando.

Primeiramente, só repousar e dormir, em silêncio, é suficiente; posteriormente, a necessidade de espaço começa a tornar-se fundamental.

A escola acrescenta nova dinâmica à vida, com amigos passando a dormir em casa, e, finalmente, a adolescência traz um mundo novo e complicado, que se abre aos olhos dos adolescentes com necessidades completamente diversas.

Para as crianças, o quarto representa bem mais do que um espaço para dormir. É refúgio, brincadeira, e onde se recebem os amigos. Assistir à tevê, jogar videogame, estudar e, no final de tudo isso, dormir são algumas das atividades que poderão acontecer ali.

Portanto, faça uma lista de todas as atividades que poderão e deverão ser desenvolvidas no ambiente e analise os requisitos indispensáveis a cada uma delas.

QUARTO DE BEBÊ

Sendo basicamente um espaço reservado para dormir, precisa de uma atmosfera silenciosa e acolhedora e deve ter superfícies fáceis de limpar. Os tons de cores mais apropriados são os tons pastel, por serem mais relaxantes. Azuis, verdes e tons de lilás são tranquilizantes e refrescantes. O piso deve ser prático, de tato agradável, e antiderrapante, já que o bebê poderá engatinhar sobre ele.

A temperatura no ambiente deve ser agradável, e uma boa ventilação é indispensável para garantir a qualidade do ar. É aconselhável o uso de dimmer na iluminação geral, além de um ponto de luz (abajur ou luminária de mesa) que possibilite uma atmosfera mais aconchegante. Deve-se pensar em áreas para dormir, amamentar, trocar, armazenar, e para uma cama extra, caso seja necessário.

DE 4 A 6 ANOS

Nessa faixa etária a cama passa a ter um tamanho normal. As áreas do trocador e da amamentação já não são mais necessárias. Armazenar livros e brinquedos começa a exigir mais espaço, e outras necessidades vão aparecendo. Aparelho de som, uma pequena tevê, vídeo e um pequeno plano de trabalho para desenhos e brincadeiras passam a fazer parte das novas necessidades. Um mural pode ajudar a criar um ponto de atenção dinâmico e interessante. Mantenha uma área para que as crianças possam sentar no chão e brincar à vontade. O guarda-roupa deve ter varão baixo, e as prateleiras e gavetas devem ser de fácil acesso para a criança. O revestimento do piso pode ser o mesmo vinílico da fase anterior. Cores mais fortes e vibrantes podem transformar a atmosfera, deixando tudo mais alegre e divertido. Uma luz difusa geral pode resolver bem a iluminação deste ambiente. Mantenha um ponto para uma luminária de mesa junto à cama.

DE 7 A 10 ANOS

As crianças nessa faixa etária começam a ter amigos que irão dormir em casa e usarão muito o quarto para brincar e estudar. É sempre bom pensar num espaço para uma cama extra ou para uma bicama. O guarda-roupa poderá aumentar, e uma área de estudo maior, com bastante espaço para livros, cadernos e computador começa a se fazer necessária.

Coloque uma iluminação de tarefa dirigida à bancada por meio de spots em trilho, caso não haja forro de gesso, uma luminária sobre a mesa ou ainda spots embutidos no gesso. Mais pontos de tomada serão necessários. Centros de interesse com iluminação de efeito podem ser criados com coleções ou hobbies.

O piso não precisa mais ser vinílico, bastando ser prático. Opte por madeira, marmoleum, borracha, laminados, etc. Em climas quentes, a cerâmica é uma excelente opção.

ACIMA DE 11 ANOS

Nessa faixa etária os dormitórios começam a ter mais caráter e personalidade. Receber amigos para estudar ou bater papo passa a ser frequente, e o quarto adquire definitivamente o status de refúgio. A mesma iluminação geral, a de tarefa e a de efeito serão suficientes. Lembre-se de que luz natural e ventilação são fundamentais numa atmosfera sadia. As cores refletem o temperamento de quem ocupa o espaço. Nessa idade, é fundamental que os adolescentes ajudem a definir os elementos do projeto.

SOLTEIROS

Podemos utilizar as famosas "camas de viúva", de dimensões intermediárias entre as de solteiro e as de casal. Devemos considerar as mesmas regras básicas quanto a iluminação, ventilação, circulação e ergonometria. Este ambiente provavelmente deve ter tevê, DVD, vídeo, som, bancada para escrever, poltrona para leitura, entre tantos diferentes objetos. Pode ser um ambiente privativo ou um espaço destinado a receber amigos.

Em quartos de dimensões muito pequenas a cama pode ser suspensa, com aproveitamento da parte inferior para armazenamento ou estudo. Se optar por esse tipo de solução, procure não ultrapassar a altura de 60 cm, pois o acesso à cama passará a ser desconfortável. Verifique o tamanho da pessoa que irá dormir na cama e qual a altura máxima para sua elevação.

HÓSPEDES

Localize este ambiente próximo a um banheiro, caso não seja possível a construção de uma suíte. Banheiros privativos propiciam maior privacidade e evitam interferências na rotina da casa. Pense nos espaços para guardar as malas, pendurar as roupas e para os gaveteiros. Posicione tomadas que permitam a ligação de um aparelho de som, um rádio relógio ou outros eletrodomésticos que se façam necessários.

Quando é preciso um dormitório de hóspedes mas a área disponível para a residência não permite um ambiente independente, ocorre, com certeza, o comprometimento do espaço destinado a outros ambientes. Portanto, pense numa solução versátil, criando um ambiente de dupla função.

Um escritório com portas de correr ou sanfonadas pode ser utilizado, quando preciso, como quarto de hóspedes. Uma sala de tevê pode se transformar e se fechar, proporcionando todos os elementos necessários a um dormitório.

OS MATERIAIS DE ACABAMENTO DEVEM FAVORECER A ATIVIDADE PRINCIPAL DO AMBIENTE. DÊ TRATAMENTO ESPECIAL A JANELAS E PORTAS A FIM DE GARANTIR A ESCURIDÃO NECESSÁRIA PARA UMA NOITE DE REPOUSO.

GUARDANDO ROUPAS E ACESSÓRIOS

Ao projetar guarda-roupas e closets, considere as referências fornecidas na tabela a seguir. É importante racionalizar os espaços a fim de garantir maior aproveitamento interno e, consequentemente, maior volume de armazenamento.

Divisões internas	Altura	Largura	Profundidade
Espaço para cabideiros			
Paletós, blusas, camisetas e jaquetas	90 cm a 100 cm	variável conforme estrutura do varão	50 cm sem portas e 60 cm com portas
Camisas sociais	100 cm a 110 cm	variável conforme estrutura do varão	50 cm sem portas e 60 cm com portas
Casacos, saias e camisões	115 cm a 120 cm	variável conforme estrutura do varão	50 cm sem portas e 60 cm com portas
Casacões e vestidos longos	140 cm a 160 cm	variável conforme estrutura do varão	50 cm sem portas e 60 cm com portas
Calceiro	70 cm	variável conforme estrutura do varão	50 cm sem portas e 60 cm com portas
Prateleiras			
Camisas, camisetas e shorts	30 cm	múltipla de 30 cm	45 cm a 60 cm
Uso geral	30 cm	variável	45 cm a 60 cm
Sapatos	18 cm a 20 cm	múltipla de 25 cm	30 cm

(cont.)

Malhas de lã	30 cm a 40 cm	múltipla de 30 cm	45 cm a 60 cm
Cosméticos, higiene, etc.	10 cm a 25 cm	variável	12 cm a 20 cm
Livros	22 cm a 32 cm	variável	20 cm a 35 cm
Papéis, pastas e arquivos	35 cm	variável	30 cm
Som	variável	variável	mínimo 45 cm
Gaveteiros			
Malhas de lã	37 cm a 45 cm	45 cm	45 cm a 60 cm
Uso geral	15 cm a 20 cm	45 cm	45 cm a 60 cm
Lingerie, meias e joias	10 cm a 15 cm	45 cm	45 cm a 60 cm
Camisas	8 cm a 10 cm	45 cm	45 cm a 60 cm
Sapatos	20 cm	múltipla de 25 cm	30 cm a 60 cm
Portas	variável	40 cm a 100 cm	
Maleiros	60 cm	variável	variável

DIMENSÕES NECESSÁRIAS

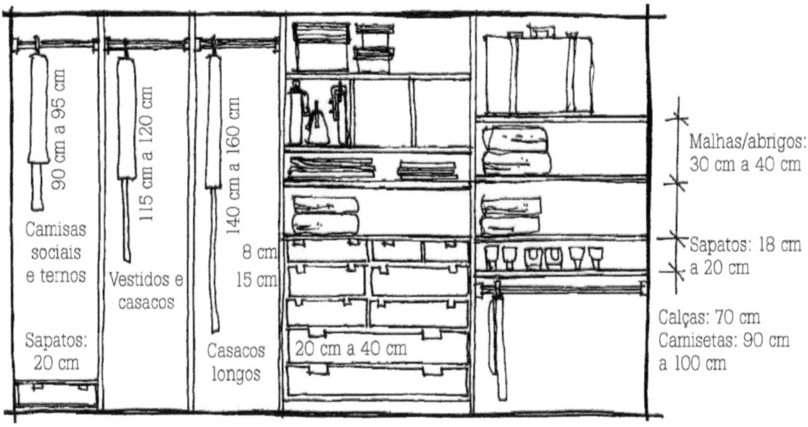

Fig. 43 – Espaço interno dos armários.

Fig. 44 – Espaços necessários para a movimentação das pessoas.

ARMÁRIOS

Antigamente, um simples guarda-roupa era suficiente para resolver os problemas de armazenamento de roupas e objetos pessoais. Com a evolução dos tempos, os armários embutidos passaram a ser incorporados aos dormitórios.

Os armários embutidos permitem um volume maior de armazenamento, já que a maioria tem a altura total do pé-direito. Numa sociedade cada vez mais consumista, o aumento da capacidade de armazenagem é bem-vindo.

Construídos basicamente com estrutura de madeira ou alvenaria, podem ou não ter a mesma altura do pé-direito. A parte superior, ou maleiro, é de difícil acesso. Um compartimento especial, reservado a uma escada, pode ser previsto no armário, facilitando assim o acesso à sua parte superior.

Caso o pé-direito do dormitório seja baixo, portas estreitas (de 35 cm a 45 cm) e sem recortes no maleiro ajudam a aumentar visualmente a altura

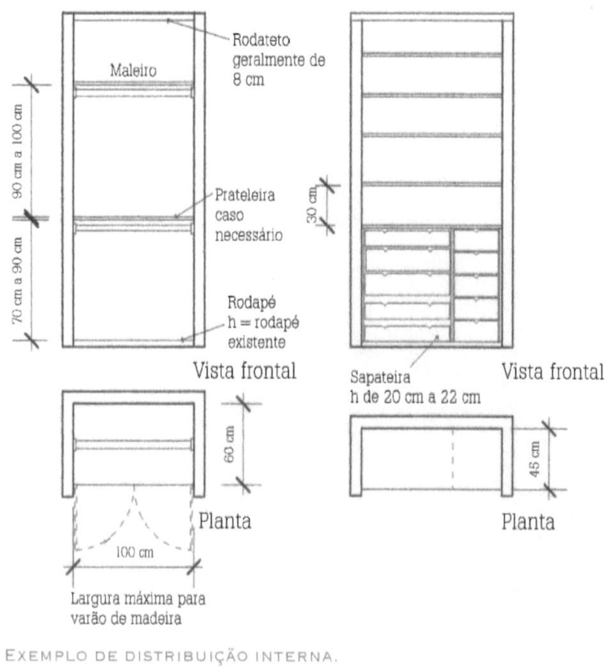

Fig. 45 – Exemplo de distribuição interna.

do ambiente. Já portas divididas (ao meio, ou no maleiro) criam linhas horizontais que ajudam a alargar visualmente um dormitório estreito.

Os armários construídos em alvenaria são uma solução mais econômica do que os feitos totalmente em marcenaria. Suas paredes internas podem ser pintadas em tinta acrílica, evitando o revestimento com madeira, que encarece o projeto.

Tipos de portas

Quando for dividir as portas na altura, alinhe-as preferencialmente com as já existentes ou com qualquer outro referencial do ambiente.

- De abrir: devem ser de 40 cm a 60 cm de largura, permitindo vãos de 80 cm a 120 cm. Podem ser usadas larguras maiores quando o espaço interno do dormitório permitir, sem prejuízo da circulação.
- Sanfonadas ou camarão: podem ou não utilizar trilhos. Possibilitam aberturas maiores, sendo uma boa opção quando a profundidade do armário existente não permitir a utilização de portas de correr.
- De correr: ideais para situações em que o espaço de circulação próximo aos armários é pequeno. A profundidade do armário com esse tipo de porta deve ser um pouco maior que a dos armários de abrir. Novos tipos de engrenagens, trilhos e materiais possibilitam soluções muito interessantes, com portas leves, altas e largas.
- Sem porta: solução ideal para casas de praia ou atmosferas informais. Utilize cortinas, caso deseje um pouco de privacidade.

Profundidade

Se o armário destinado a pendurar roupas tiver portas, sua profundidade deve ser de no mínimo 60 cm. Assim, evita-se que as roupas amassem no cabide. Para armários sem porta, podemos considerar 50 cm.

As prateleiras e os gaveteiros podem ter a profundidade que mais convier ao projeto. Lembre-se de que, quanto mais profundos forem, maior será a dificuldade de acesso às roupas que estão atrás.

- Prateleiras para roupas: de 40 cm a 50 cm.
- Gavetas para roupas: de 40 cm a 50 cm.
- Gavetas para sapatos: de 30 cm a 35 cm.

Alturas

As alturas das gavetas e prateleiras, bem como os espaços para pendurar roupas, devem seguir a forma pela qual são armazenadas as peças de vestuário pelas pessoas a quem se destinam os armários.

Procure saber como é guardado cada tipo de roupa e a altura mais con-veniente. Algumas pessoas são altamente minuciosas e perfeccionistas quanto ao modo de guardar suas coisas e querem somente um número exato de peças sobrepostas. Portanto, as medidas a seguir são sugestivas e devem ser adaptadas ao projeto.

Prateleiras:

- Camisas, camisetas, shorts e demais peças finas: de 25 cm a 30 cm.
- Malhas de lã, abrigos e peças mais espessas: de 30 cm a 40 cm.
- Sapatos sem caixa: de 18 cm a 20 cm.
- Sapatos com caixa: de 20 cm a 22 cm.

Gavetas:

- Camisas: de 8 cm a 10 cm.
- Camisetas e shorts: de 15 cm a 20 cm.
- Peças íntimas: 15 cm.

- Malhas de lã e abrigos: de 20 cm a 40 cm.
- Sapatos: 20 cm.

ROUPARIA (ROUPEIROS)

Planeje um armário destinado às roupas de cama, toalhas de mesa e de banho. O local ideal é o próximo à área dos dormitórios, num corredor ou hall interno, ou junto à lavanderia ou à área de passar roupa.

Sua divisão interna deve ser basicamente de prateleiras com profundidade de 45 cm a 50 cm e 30 cm de espaçamento médio entre elas. Prateleiras mais altas e mais fundas (até 60 cm) destinam-se a cobertores e edredons. Caso opte por profundidades grandes, aumente a distância entre elas para facilitar a visualização interna. Gavetas estreitas, entre 15 cm ou 20 cm, são úteis para toalhas de mesa e guardanapos.

Fig. 46 – Opções de configuração de rouparias próximas à lavanderia.

CLOSETS

Os projetos mais modernos passaram a incluir closets nos dormitórios. O que a princípio era considerado luxo passou a ser indispensável para a maioria das pessoas. Projetos elaborados e sofisticados exibidos em revistas, televisão, jornais e livros transformaram o closet num objeto de desejo.

Em uma sociedade cada vez mais dinâmica e consumista, com menos tempo para os afazeres domésticos, o closet ajuda a economizar tempo. Um projeto racionalizado, com a escolha correta dos materiais, economiza também dinheiro.

Diferentes formas, texturas, materiais e dimensões podem transformar pequenas ou grandes áreas em verdadeiros paraísos. Num closet bem planejado, tudo é guardado de forma organizada e, portanto, facilmente encontrado. A racionalização do espaço é fundamental a fim de evitar perdas de espaço desnecessárias.

Uma bancada com gavetas destinadas a papéis e documentos pessoais pode fazer parte deste espaço. Uma poltrona para relaxamento ou apoio também pode ser considerada. Dependendo da área destinada ao closet, são inúmeras as composições e atividades possíveis.

> CADA INDIVÍDUO TEM SEU MODO PARTICULAR E PESSOAL DE ARRUMAR SUAS COISAS. AOS DESIGNERS CABE ADEQUAR ESSE MODO PESSOAL A UMA SOLUÇÃO PRÁTICA, EFICIENTE, INTERESSANTE E, ACIMA DE TUDO, CRIATIVA.

Soluções altamente sofisticadas, com sapateiras giratórias e cabideiros móveis, podem ser bonitas, caras e, muitas vezes, pouco eficientes. Certifique-se de que não ocorrerá perda de espaço útil. Respeite as medidas básicas das roupas e acessórios para melhor utilizar o espaço interno.

Ventilação

É necessária uma boa circulação de ar para evitar bolor e mofo. Caso não seja possível a colocação de uma janela, estude a instalação de equipamentos antimofo. Se a área permitir, instale ventilador de teto para forçar a circulação do ar.

Circulação

O closet pode ser uma área distinta e independente, com apenas uma porta de acesso, ou passagem para o banheiro ou dormitório. Considere cautelosamente todas as possibilidades de fechamento dos closets.

Versões sem portas nos armários são indicadas para pessoas organizadas. Muitas vezes o visual das roupas penduradas pode dar a impressão de desorganização e ser desagradável aos olhares mais rígidos. A existência de portas pode ajudar também a evitar muito acúmulo de poeira nas roupas.

O acesso ao banheiro por dentro de um closet é muito prático. Nesse caso, devem-se colocar portas nos armários para evitar muita umidade nas roupas.

Garanta uma circulação livre e desobstruída. A abertura das portas deve acontecer sem problemas, e lembre-se de que os movimentos de abaixar, abrir gavetas e vestir-se exigem uma área mínima para que aconteçam naturalmente.

Caso o closet deva ser usado por mais de uma pessoa, certifique-se de que elas tenham espaço suficiente para "coexistirem" ali.

Piso

Os mais recomendáveis são o carpete, a madeira ou qualquer outro revestimento quente, já que as pessoas circulam por ele muitas vezes descalças. Utilize as linhas dos pisos "em régua" para alargar, encompridar e aumentar a sensação espacial.

Mantenha, preferencialmente, a uniformidade de pisos entre o quarto e o closet, caso sejam próximos e interligados, seja quanto ao material, seja quanto à cor escolhida. Evite retalhar o piso, principalmente em ambientes pequenos. Algumas composições podem sair bem interessantes, como o quarto em madeira e o closet com barrado de madeira e carpete na área central.

Iluminação e pontos de luz

Interruptores em paralelo na entrada e saída dos closets são uma excelente opção, caso eles deem acesso a mais de um ambiente.

Alguns fabricantes de armários oferecem iluminação instalada no madeirame ou ainda embutida nos varões. Opte por lâmpadas fluorescentes compactas amareladas ou LEDs que distorçam pouco as cores e que evitariam superaquecimento do ambiente caso sejam colocados muitos pontos de luz. Para complementar, podem ser instalados arandelas ou pontos de luz próximos ao espelho.

Em closets muito pequenos, baixos e com pouca iluminação, lâmpadas fluorescentes brancas, instaladas na parte superior dos armários ou numa sanca, voltadas para cima, ampliam visualmente o ambiente. Como iluminação complementar, use spots, próximos às roupas, com lâmpadas que não distorçam as cores.

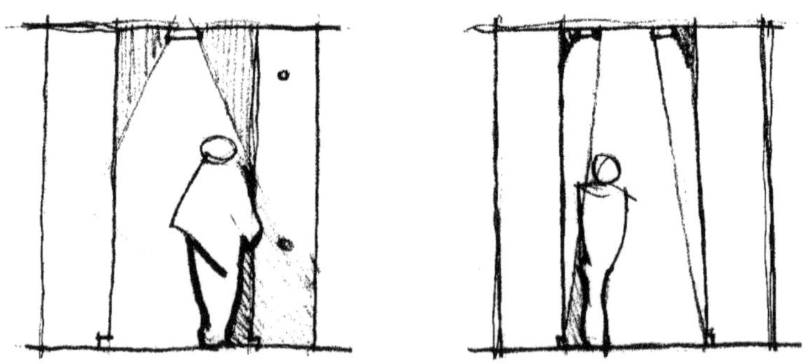

Fig. 47 – Evite um único ponto de luz central. Provoca sombras que prejudicam a visão. O ideal é a utilização de pontos (externos ou embutidos) próximos à área de armazenagem de roupas e acessórios.

Spots com lâmpadas dicroicas podem fazer uma iluminação de efeito dirigida a quadros ou coleções. Estude a necessidade de uma iluminação de tarefa para áreas de leitura ou bancadas de apoio.

Existência ou não de portas

- Aberto: também conhecido como walk-in wardrobe (guarda-roupa dentro do qual se entra), tem somente uma porta de entrada, permitindo uma utilização maior e melhor do espaço interno. As paredes não precisam ser revestidas com madeira, podendo receber apenas tinta acrílica. As divisões internas podem ser feitas com elementos aramados, gesso, madeira ou qualquer outro material.
- Fechado: tem portas nos armários internos. É uma solução mais cara e permite resultados bem sofisticados. Deixa o ambiente com aspecto mais arrumado, já que os diferentes materiais, texturas e cores das roupas e objetos ficam escondidos. As portas podem ser de madeira, vidro, espelho, acrílico, etc. Escolha o material de acordo com a atmosfera que pretende dar ao ambiente. Muitos elementos verticais aumentam a altura do ambiente. Portanto, considere esse

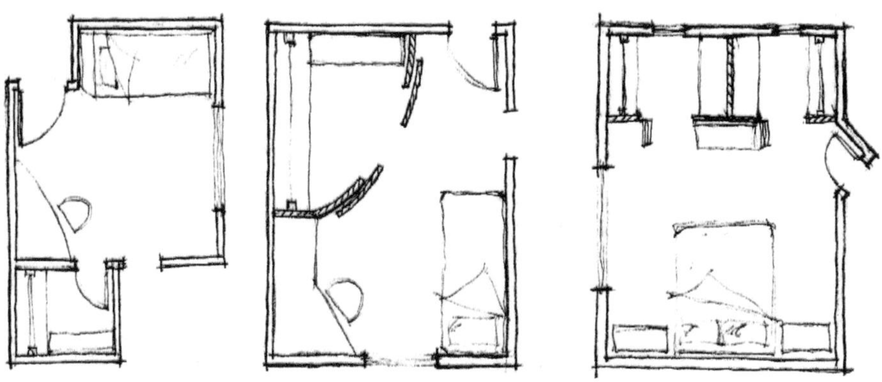

Fig. 48 – Várias opções de closets só com porta de entrada.

fato quando determinar a largura e a quantidade de portas. Gavetas externas podem acrescentar um elemento diferencial e reforçar a horizontalidade da composição.

- Misto: forma intermediária que possui portas somente nos locais onde são instalados os varões. As prateleiras permanecem abertas, uma vez que expõem as roupas de modo mais organizado. As gavetas podem ficar aparentes e ajudar na composição visual do closet.

Composição interna

O mesmo espaço destinado ao closet pode permitir diferentes distribuições projetuais. Estude os benefícios e as desvantagens do maior número possível de variantes até chegar à melhor solução para o projeto.

Podem ter a forma de L, U, quadrada ou retilínea.

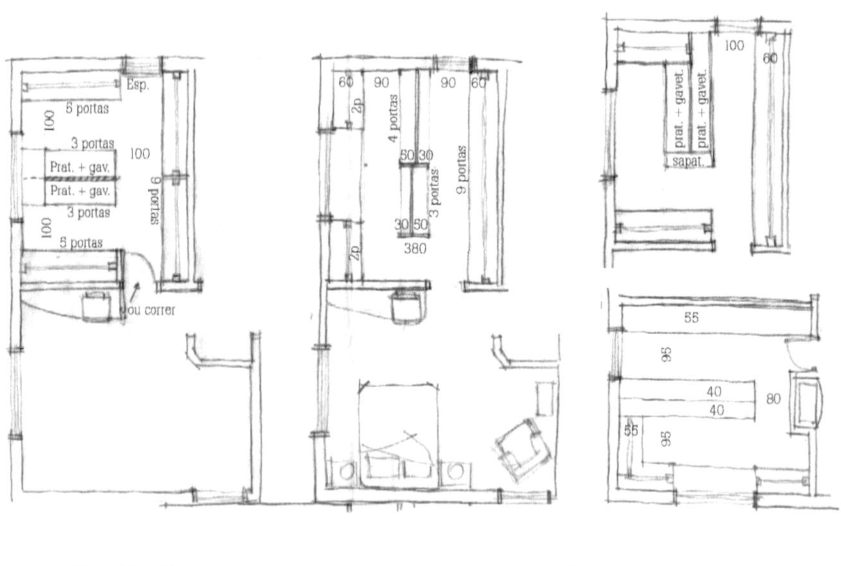

Fig. 49 – Estudos desenvolvidos para se chegar à melhor solução de distribuição interna.

OS CLOSETS PODEM, COM A MESMA DISTRIBUIÇÃO INTERNA, APRESENTAR RESULTADOS ECONÔMICOS OU TREMENDAMENTE CAROS, DEPENDENDO DOS REVESTIMENTOS E MATERIAIS ESCOLHIDOS. PORTANTO, ANALISE SEU PROJETO COM CUIDADO PARA MANTÊ-LO DENTRO DA PREVISÃO ORÇAMENTÁRIA.

BANHEIROS E LAVABOS

Os banheiros tornaram-se ambientes importantes na arquitetura de interiores, e em muitos casos até símbolos de poder econômico. Podem ser simples e racionais, ou verdadeiras salas de banho com sauna, spa e área de repouso. Podem ser claustrofóbicos ou ter amplas janelas e vistas maravilhosas.

Para alguns, devem ser práticos, pequenos e onde se deve permanecer somente o tempo necessário para a higiene pessoal. Para outros, são refúgios, locais para descansar e relaxar, devendo ser espaçosos e confortáveis.

Compreender a dinâmica familiar é indispensável. Famílias cujo casal trabalha fora e sai de casa ao mesmo tempo pode sugerir um projeto com duas pias e dois chuveiros para facilitar suas vidas e evitar conflitos desnecessários. O banheiro pode ainda ter o vaso separado por uma porta, oferecendo muito mais privacidade ao casal.

Defina as peças que serão necessárias e quantas de cada uma. Não são poucos os banheiros com duas pias, dois vasos ou dois chuveiros. Tudo dependerá da área que será destinada a ele e da dinâmica da família para a qual se destina.

Caso não seja colocado bidê, procure instalar uma ducha manual, com ou sem aquecimento. Se houver espaço, em pelo menos um dos banheiros, instale um bidê. Ele pode vir a ser de grande utilidade em alguns tipos de enfermidades. Considere a colocação de apoios para os pés num canto do boxe. Pode ser muito útil e bem-vindo na hora do banho.

CUSTO

Um dos ambientes mais caros numa construção. Podem ser complexos e cheios de detalhes. Seus materiais de revestimento e acabamento chegam a custar uma fortuna. Levante exatamente quantas peças serão necessárias antes de definir o tipo de acabamento. Ao fazer as contas, pode-se mudar de ideia quanto a um acabamento determinado anteriormente.

Os banheiros não são o tipo de espaço que pode ser planejado e executado num impulso. Consertar erros de projeto é custoso, muitas vezes difícil e demorado. Portanto, esteja atento a cada detalhe. Pense, analise e verifique cada item para evitar transtornos futuros.

Ao reformar um banheiro, verifique o projeto hidráulico e as alterações possíveis. Caso seja necessário, consulte o engenheiro responsável pelo projeto a ser alterado.

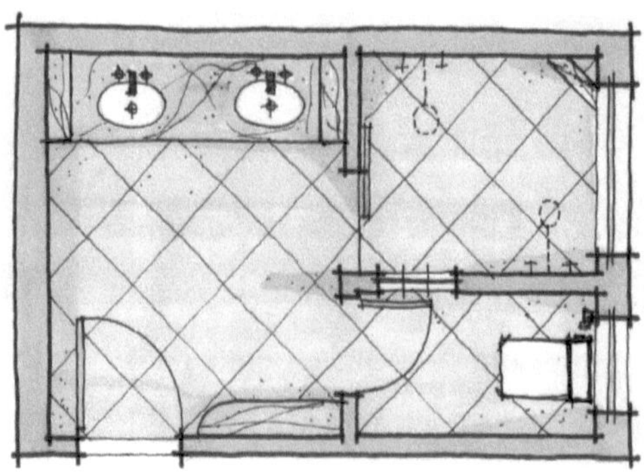

Fig. 50 – Banheiro de casal para pessoas que utilizam o ambiente no mesmo horário.

Em apartamentos ou sobrados, as reformas são um pouco mais complexas e dependem da solução construtiva adotada na sua execução. Como as tubulações de esgoto dos banheiros estão basicamente localizadas no piso, ele poderá ter que ser removido total ou parcialmente para que possam ser viabilizadas as alterações previstas. Tudo dependerá da solução adotada.

A primeira e mais antiga das soluções construtivas é aquela onde as tubulações correm sobre a laje do teto do andar inferior. Qualquer obra para alterar pontos e locais das peças sanitárias acarretará a remoção total ou parcial do piso e de seu enchimento, a fim de viabilizar acesso às tubulações. Após as alterações, o piso deve ser novamente preenchido com argila expandida, receber uma pequena laje de cimento e por fim o acabamento.

Na segunda solução, as tubulações são facilmente acessadas com a abertura do forro de gesso que existe no andar inferior. É uma solução que não requer tanto trabalho. O forro de gesso é removido, as tubulações são refeitas e o forro é fechado novamente.

Lembre-se de que a impermeabilização desse ambiente é ponto crucial do projeto. Ao construir ou reformar, não economize na impermeabilização, pois ela evitará transtornos e gastos desnecessários no futuro.

Os banheiros, os lavabos ou as salas de banho são ambientes difíceis de manter. As pessoas entram e saem deles durante todo o dia. Espalham água e geram umidade e vapor. Ao escolher uma atmosfera e definir os materiais, leve em conta a segurança, a praticidade, a durabilidade, a relação custo-benefício e a beleza de cada um.

Caixas acopladas ao vaso sanitário, embora esteticamente menos atraentes, consomem menos água, sendo mais econômicas e altamente recomendadas para banheiros ou lavabos. É tendência mundial a substituição de válvulas de descarga por esse tipo de solução.

SEGURANÇA

Por ser uma área onde água e vapor estão sempre presentes, escolha com atenção os materiais para garantir a segurança no ambiente. Muitas vezes as pessoas deixam a estética prevalecer e optam por materiais bonitos, mas completamente inadequados. Pisos vitrificados são bonitos e perigosos, pois se transformam em "sabão" quando molhados.

O acesso à banheira é geralmente problemático, principalmente se o chuveiro for instalado sobre ela. Estude com cuidado uma opção e instale barras de segurança quando necessário. Lembre-se de que os cantos arredondados são menos perigosos.

Caso o banheiro seja destinado a pessoas idosas ou com algum tipo de deficiência física ou mental, respeite as medidas necessárias para o maior conforto dos seus usuários. Em alguns casos, barras de segurança nas paredes podem facilitar a movimentação. Campainhas próximas ao vaso e ao boxe do chuveiro podem ser um recurso muito importante em determinadas circunstâncias.

Se a colocação imediata de campainhas não for necessária, verifique a necessidade de deixar a fiação e a tubulação preparadas para sua instalação no futuro. Essa antecipação pode evitar gastos com reformas e adaptações.

A instalação de um sensor que acenda a luz automaticamente quando a porta do banheiro for aberta pode facilitar muito a vida do usuário do banheiro.

PRIVACIDADE

Pense em soluções que garantam a maior privacidade possível aos seus usuários. Estude as aberturas de portas para evitar mostrar diretamente o vaso sanitário. Verifique a vista das janelas e se será preciso o uso de vidros opacos, miniboreal ou qualquer outro recurso para evitar que se veja de fora para dentro do banheiro.

Em soluções abertas, sem paredes, procure manter um mínimo de privacidade. Esteja seguro de sua escolha, pois não é convencional, e pode ser de difícil aceitação numa possível revenda do imóvel.

BOXE

As dimensões mínimas devem ser observadas para evitar que o banho seja dificultoso. Garanta o espaço de pelo menos 80 cm × 80 cm, se quadrado, e 70 cm × 100 cm, se retangular. O boxe de chuveiro duplo deve ter pelo menos 160 cm × 80 cm, dependendo da localização da porta de entrada.

Deslocar as torneiras para a parede mais próxima à porta do boxe ou da porta de entrada, quando o boxe for sem porta, é uma solução capaz de ajudar as pessoas a não se banharem com água fria nem muito quente ao preparar o banho.

Diferentes modelos e formas de boxes podem ser utilizados para criar diferentes soluções projetuais. Pisos pré-moldados em resina ou cerâmica são uma opção muito usada no exterior e que começam também a ser utilizados no Brasil.

Deixe um desnível entre o boxe e o piso do banheiro para que a água do chuveiro não invada o ambiente.

As portas do boxe, por segurança, devem preferencialmente abrir para fora, principalmente se ele for de dimensões pequenas. Prateleiras chumbadas nas paredes ou fixadas nelas após a aplicação do revestimento podem facilitar a higiene dos pés (altura de 40 cm a 30 cm do piso) e servir de suporte para xampus e sabonetes. Evite instalá-las sob o chuveiro.

A tecnologia também possibilita diferentes e criativas soluções de projeto de boxes, como a utilização de painéis de vidro travados por braços reguláveis, diferentes formas curvas e dimensões. Também são possíveis diferentes soluções para boxes de banheiras quando o chuveiro deve ser instalado sobre ela.

Existem no mercado opções de aquecedores que podem ser instalados no teto e acionados por um interruptor normal. O mesmo aparelho tem, a ele acoplado, um pequeno exaustor e um ponto de luz. De fácil instalação em forro de gesso, é sem dúvida uma boa opção para aquecer o banheiro em dias muito frios.

Diferentes modelos e formas de boxes podem ser utilizados para criar diferentes soluções projetuais. Pisos pré-moldados em resina são uma opção muito usada no exterior e que começam a ser utilizados no Brasil. Deixe um desnível entre o boxe e o piso do banheiro para que a água do chuveiro não invada o ambiente.

As portas de abrir, por segurança, devem preferencialmente fazê-lo para fora do boxe, principalmente se ele for de dimensões pequenas. Prateleiras chumbadas nas paredes podem facilitar a higiene dos pés e servir de suporte para xampus e sabonetes.

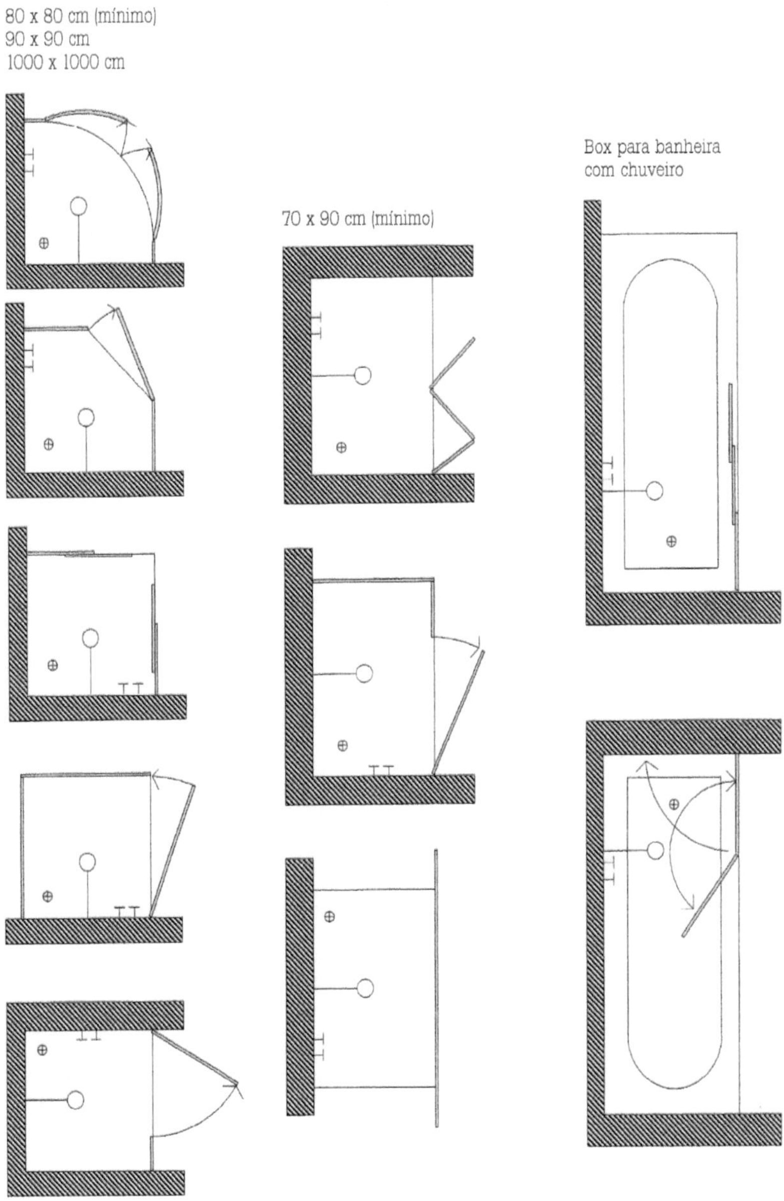

Fig. 51 – Alguns exemplos de portas de boxe para chuveiro e banheira com chuveiro.

CORES, TEXTURAS E MATERIAIS

Escolha a cor que mais se adapte à atmosfera, à energia que deseja e às dimensões do banheiro. Mantenha as paredes e o piso em tons claros e procure evitar grandes contrastes em banheiros pequenos. Tons pastel de verde ou azul ampliam os espaços e ajudam na criação de uma atmosfera refrescante. Tons de amarelo são indicados para pessoas que precisam de uma energia a mais pela manhã. Branco sempre lembra limpeza e frescura.

Abuse das texturas dos materiais para uma solução mais criativa e dinâmica. Cores escuras escurecerão o ambiente, além de diminuir visualmente o espaço.

Ao escolher a cor do piso, considere os problemas de manutenção. O branco mostra bem a sujeira, o preto realça a poeira. Tons mesclados e mais escuros exigem menos manutenção. As superfícies lisas refletem mais a cor e a luz. São de fácil manutenção, porém mais escorregadias, e mostram mais riscos e imperfeições.

São inúmeras as opções de materiais para bancadas, paredes e pisos: pintura, concreto, azulejos, pastilhas, cerâmicas, mármores, granitos, pedras, madeiras, laminados, sintéticos e muitos outros. Dependendo do material escolhido, são várias as opções de texturas e cores. Escolha com cuidado, analisando as características e propriedades de cada um.

Procure evitar modismos nos padrões dos materiais de revestimento, pois reformar é sempre custoso. Uma bancada em mármore branco pode ser maravilhosa, mas mancha com facilidade. Faça uma escolha consciente.

Materiais de revestimento de dimensões pequenas ajudam na ampliação visual do espaço, pois afastam as superfícies. São recomendados para ambientes pequenos.

Os tijolos de vidro são sempre uma boa opção para dividir sem bloquear a luminosidade. Muito utilizados em paredes divisórias de boxes, têm diferentes texturas e cores. São versáteis e podem acrescentar um diferenciador no projeto. Os espelhos podem e devem ser usados como recurso para ampliar espaços pequenos.

Caso a área do banheiro seja pequena, procure não estimular demais as linhas verticais, pois elas aumentam visualmente o pé-direito e consequentemente dão a impressão de um banheiro menor. Alinhe a altura de espelhos, armários, janelas e portas para acentuar a linha horizontal, buscando alongar ou alargar as dimensões do ambiente.

Para um resultado final sem surpresas, é ideal que seja feita a paginação total do ambiente. É necessário informar ao azulejista onde começar a colocação das peças nas paredes e no piso.

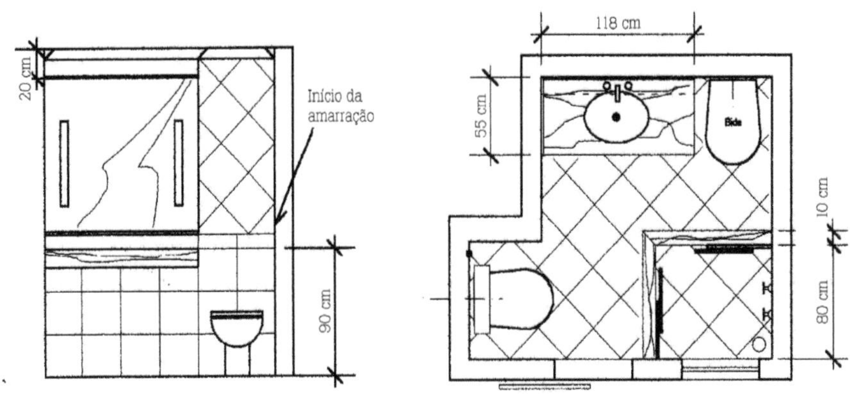

FIG. 52 – EXEMPLO DE PLANTA DE PAGINAÇÃO DE PISO E PAREDE.

DIMENSÕES

Ao pensarmos nas atividades que serão desenvolvidas em um banheiro, devemos levar em conta que o ato de tomar banho vai muito além do boxe. É preciso tirar a roupa, colocá-la em algum lugar, tomar banho,

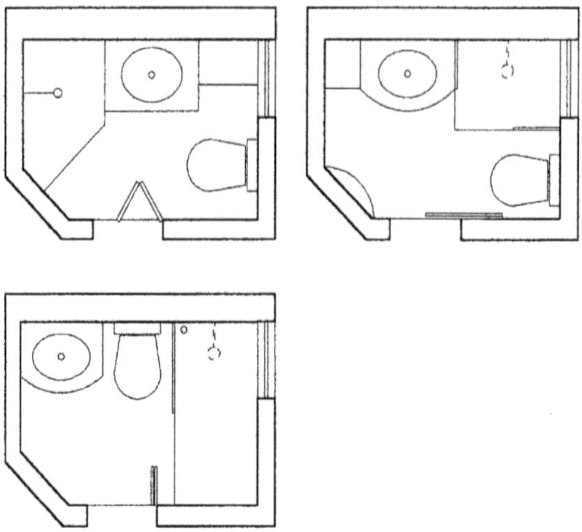

Fig. 53 – Lembre-se de que para um mesmo espaço, respeitando-se as áreas mínimas necessárias, são várias as opções de composição interna possíveis. Estude a que mais se adapte às necessidades do projeto.

pegar a toalha que estava em algum outro lugar, enxugar-se e ainda vestir-se (ou não) no banheiro. Portanto, cada ação engloba muitos movimentos diferentes, que precisam de espaço.

Crie prateleiras e armários de fácil acesso. Imagine-se desenvolvendo cada movimento e pense em cada item necessário. Considere cuidadosamente cada ação e respeite as dimensões mínimas para cada uma delas. Pense racionalmente e depois deixe fluir a criatividade para dar vida, movimento e harmonia ao projeto.

As portas dos banheiros podem ter 70 cm de largura. Em lavabos, quando houver necessidade, podem ser utilizadas portas de 60 cm. Cuidado para não abrir a porta diretamente para o vaso sanitário. É uma visão muito desagradável, principalmente quando o lavabo é acoplado ao living e a porta é esquecida entreaberta.

ILUMINAÇÃO E TOMADAS

Dependendo das dimensões do banheiro, podemos optar por diferentes sistemas de iluminação. A maioria dos banheiros de apartamentos mantém a ligação hidráulica sob a laje. O fechamento do teto dos ambientes é feito com forro de gesso. Caso não seja este o caso, pode ser utilizado um forro de gesso paralelo à laje existente, desde que a altura do pé-direito assim o permita. Com a existência do gesso, torna-se muito fácil uma alteração dos pontos existentes e a instalação de spots embutidos onde se fizerem necessários.

Para a bancada, é ideal que tenhamos duas arandelas na parede frontal ou nas laterais à bancada. Elas devem estar alinhadas com a altura de nossos olhos, ou seja, seu eixo deve estar entre 140 cm e 180 cm do piso. Essas luminárias podem usar lâmpadas fluorescentes de tom amarelado ou LEDs difusas que não distorçam as cores. Posicione ainda um ponto

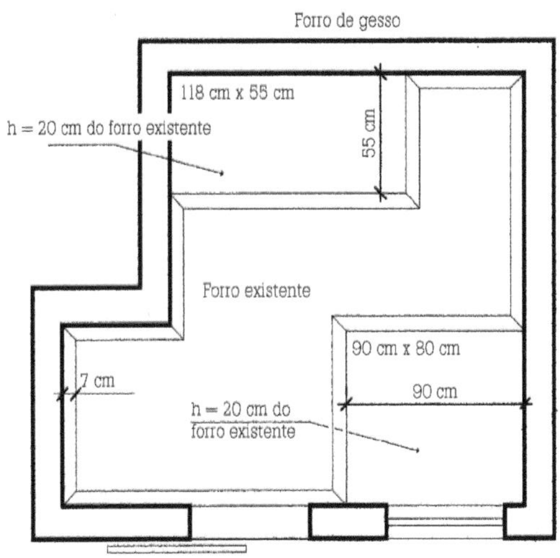

FIG. 54 – É IMPORTANTE QUE O FORRO DE GESSO SIGA UM PROJETO QUE ATENDA NÃO SOMENTE ÀS NECESSIDADES ESTÉTICAS DO AMBIENTE, MAS PRINCIPALMENTE VIABILIZE A INSTALAÇÃO CORRETA DA ILUMINAÇÃO.

de luz no teto, direcionado para a pia. As lâmpadas halógenas com refletor dicroico são uma boa opção, pois não esquentam tanto e têm um efeito muito bonito perto de espelhos e vidros que estiverem sobre a pia e ainda distorcem pouco as cores. A associação dessas duas fontes de luz evitará possíveis sombras e distorções.

Um ponto de luz embutido no forro de gesso dentro do boxe, com lâmpada do tipo PAR 20 (blindada), pode clarear mais essa área. Para aqueles que gostam de ler no banheiro, um outro spot sobre o vaso sanitário pode ser bem útil. Nesse caso, use lâmpada fluorescente compacta ou spot normal (aquecerá um pouco). Para a iluminação ambiente, lâmpadas fluorescentes compactas funcionam bem em spots embutidos ou plafons no teto.

O acendimento individual possibilita várias opções de iluminação e evita gastos de energia desnecessários.

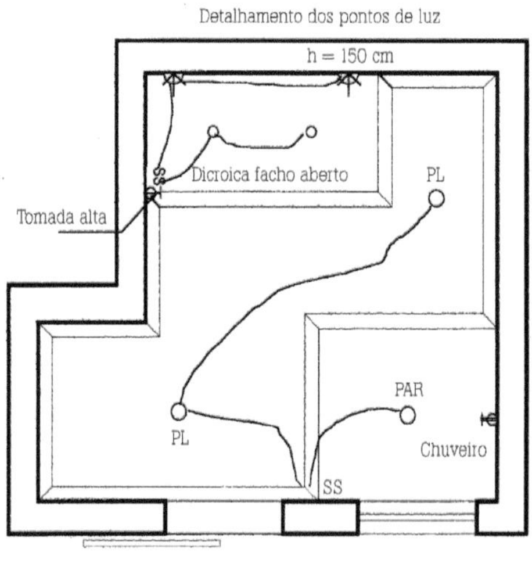

FIG. 55 – O PROJETO DOS PONTOS DEVE DETALHAR BEM O LOCAL E A DESTINAÇÃO DESSES PONTOS.

Considere a instalação de tomadas para secador de cabelo, barbeador elétrico, aquecedor de toalhas, aparelho de som ou qualquer outro equipamento eletrônico que faça parte da rotina de quem vai utilizar o ambiente. Verifique o que a tecnologia oferece de novo e o que convém ser incorporado ao projeto.

AQUECIMENTO DO AMBIENTE

Existem no mercado opções de aquecedores para serem instalados no teto e acionados por um interruptor normal. O mesmo aparelho tem, acoplado a ele, um pequeno exaustor e um ponto de luz. De fácil instalação no forro de gesso, é sem dúvida uma boa opção para aquecer o banheiro em dias muito frios.

Aquecimento sob o piso cerâmico ou de outros materiais pode ser uma boa opção para esse ambiente. Aquecedores elétricos de toalhas também podem ser instalados facilmente garantindo maior comodidade.

Já para o aquecimento da água existem aquecimentos centrais a gás, energia solar ou elétrica; aquecedores elétricos pequenos e individuais, e ainda chuveiros elétricos individuais. Com a atual crise energética mundial, os aquecedores solares e a gás são os mais recomendados ao se construir ou reformar.

VENTILAÇÃO

Uma boa ventilação é indispensável no banheiro. A umidade gerada pela água quente pode criar bolor e danificar armários e espelhos. Utilize janelas na área do boxe e/ou próximas ao vaso sanitário. Janelas amplas e que favoreçam a visão externa podem criar uma atmosfera muito interessante nos banheiros. Explore a paisagem em grandes aberturas e painéis de vidro quando, é lógico, não houver riscos de comprometimento da privacidade.

Em lavabos pequenos, onde não existam janelas e seja necessário forçar a circulação de ar, recomenda-se a utilização de exaustores acionados automaticamente pelo mesmo interruptor da luz. Uma outra opção, quando possível, é a ventilação através de domus ou claraboias.

PONTOS DE LIGAÇÃO HIDRÁULICA

Um bom planejamento dos banheiros inclui a determinação exata de pontos para o chuveiro, vaso sanitário, bidê, ducha manual, banheira, ralos e registros.

Escolha cuidadosamente onde posicionar os registros. Procure evitar muitos registros na mesma parede. Muitas vezes, mantendo fácil acesso, podemos escondê-los dentro dos armários e economizar um pouco na hora da compra dos acabamentos. Os registros escondidos podem receber acabamentos mais simples e baratos do que os do padrão geral do banheiro.

Se o banheiro for grande, coloque um ralo específico para o boxe e outro para o restante do ambiente. Em banheiros pequenos e com apenas um ralo no boxe, utilize portas de abrir, sem nenhum tipo de obstáculo que impossibilite ou dificulte o escoamento da água quando da lavagem do ambiente.

DISTRIBUIÇÃO DOS DORMITÓRIOS E BANHEIROS

Dependendo das necessidades de cada projeto, podem existir mais de três ou quatro dormitórios numa residência, nem todos necessariamente suítes. As formas de compor banheiros e dormitórios são inúmeras. Para chegar à melhor solução, levante cuidadosamente os hábitos das pessoas que irão compartilhar os banheiros ou utilizá-los individualmente, para melhor atender às necessidades de todos.

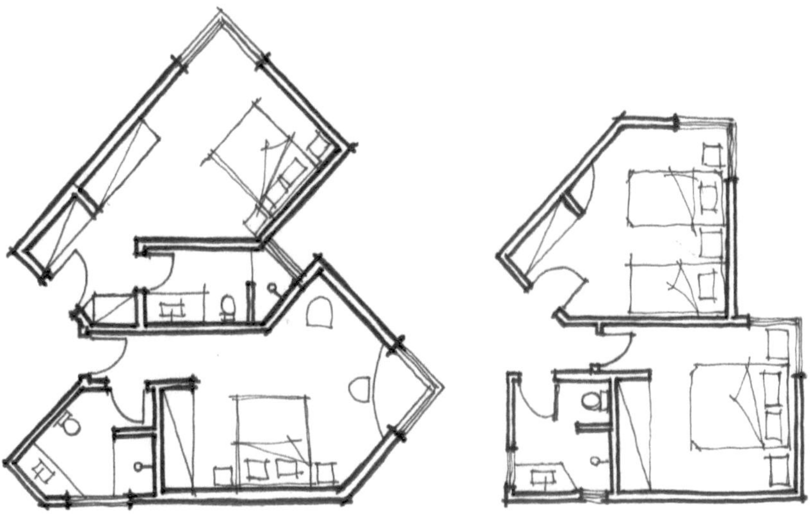

FIG. 56 – EXEMPLOS DE DISTRIBUIÇÃO DE DORMITÓRIOS E BANHEIROS.

8 ESPAÇOS DE TRABALHO

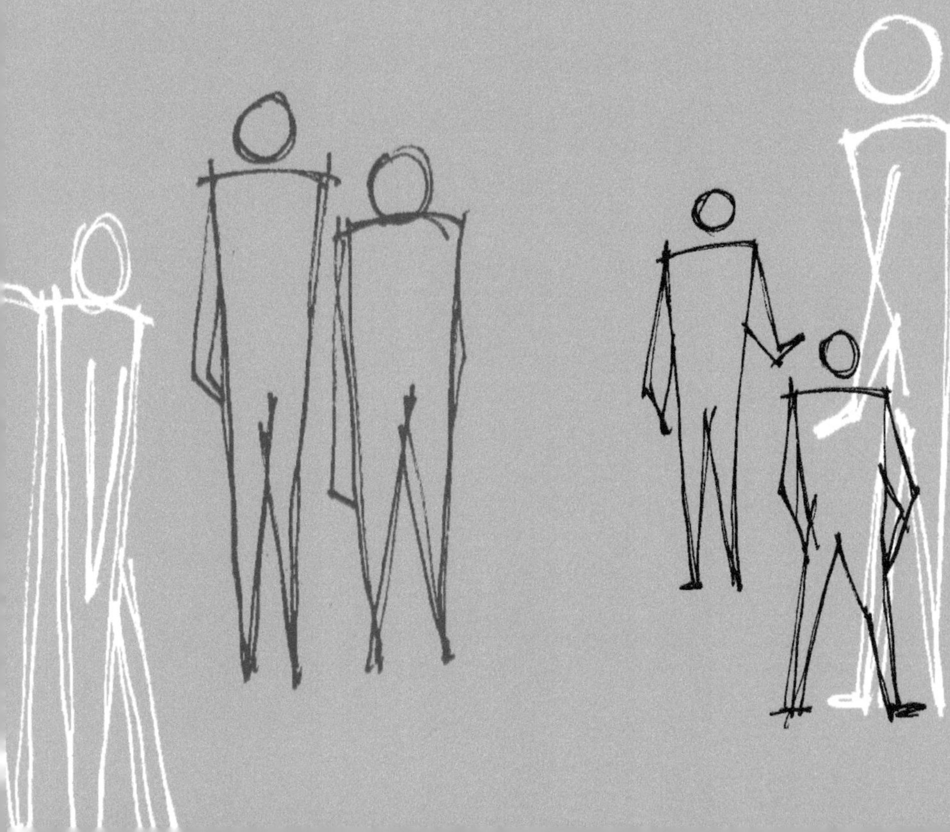

COZINHA

Paixão para uns e pesadelo para outros, a cozinha reflete o estilo de vida de uma família. O que determina seu tamanho, tipo e complexidade é a importância que esse ambiente tem no contexto familiar.

Sua localização, tamanho, forma, ventilação, circulação, iluminação natural e artificial, bem como a manutenção que exige, são os fatores que indicam o quanto um projeto é prático e funcional.

LOCALIZAÇÃO

Situe a cozinha próximo à área social e garanta acesso livre à área externa e à garagem. Uma circulação livre é sinônimo de caminho seguro para pessoas transitando com pacotes e caixas.

No caso de uma cozinha fechada, procure criar um acesso direto e privativo entre a área dos dormitórios e a cozinha, permitindo assim que as pessoas circulem sem que sejam vistas do living ou de qualquer outro ambiente social.

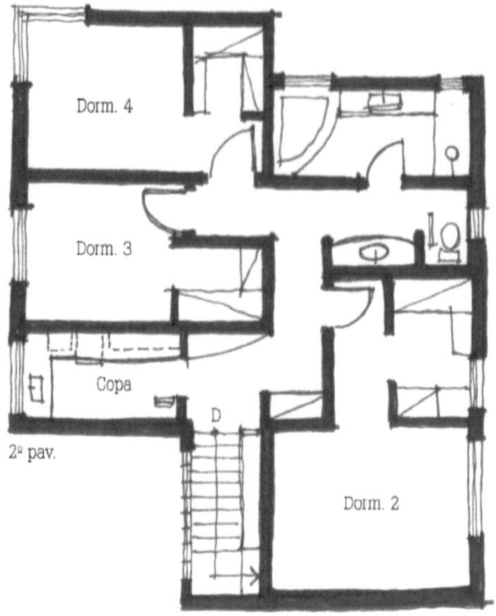

FIG. 57 – QUANDO A RESIDÊNCIA CONTAR COM DOIS OU MAIS PAVIMENTOS, É INTERESSANTE INSTALAR NO PAVIMENTO SUPERIOR UMA "COZINHA DE APOIO", OU SEJA, UMA PEQUENA COPA COM UMA MINIGELADEIRA, UMA PIA E UMA PEQUENA BANCADA, PARA MAIOR COMODIDADE DOS MORADORES.

FORMA

As formas que melhor racionalizam a utilização do espaço são a quadrada e a retangular, muito embora formas irregulares possam deixar o projeto muito atraente e diferenciado.

VENTILAÇÃO

É importante que a cozinha apresente boa circulação de ar e tenha um bom sistema de exaustão a fim de evitar o superaquecimento do ambiente e a dispersão de odores indesejáveis pela casa. Posicione as janelas e portas de modo a favorecer uma circulação de ar cruzada. Procure evitar correntes de ar sobre o fogão, já que podem apagar a chama do gás e causar acidentes. Escolha corretamente o modelo das janelas, verificando as características climáticas da região. Muitas vezes, portas de acesso externo com venezianas podem ser uma ajuda a mais na circulação do ar.

A escolha correta de exaustores é fundamental. Lembre-se de que os purificadores jogam o ar dentro do ambiente após filtrá-lo e os exaustores jogam o ar para fora da residência, sendo absolutamente necessário para famílias que utilizam muita fritura.

São inúmeros os tipos de coifas existentes. Verifique a potência dos equipamentos e certifique-se de que o odor seja eliminado.

CIRCULAÇÃO

A cozinha é um dos ambientes mais propícios a acidentes numa residência, e também o mais perigoso. Gás, fogo e elementos pontiagudos estão em constante utilização. Portanto, esteja atento aos problemas que uma circulação truncada e cheia de obstáculos pode causar. Os espaços internos devem favorecer o acesso aos armários e bancadas sem atropelos. Os movimentos devem ser livres e rápidos.

Evite que a cozinha seja projetada de modo a se transformar em corredor de passagem. Devem entrar na cozinha aqueles que nela estiverem trabalhando. Um fator importante no dimensionamento dos espaços internos é o número de pessoas que utilizarão a cozinha ao mesmo tempo.

Procure não criar degraus entre a cozinha e a sala de jantar. As pessoas podem circular entre esses dois ambientes carregando travessas, pratos quentes, e podem acontecer acidentes.

Certifique-se de que o sentido da abertura das portas esteja correto, preferencialmente contra uma parede ou armário. Procure não utilizar portas de vaivém nesse ambiente. Esse modelo de porta é mais recomendado para ambientes comerciais. Principalmente em casas com crianças, elas podem se tornar um brinquedo muito perigoso. As portas de correr são uma boa opção, já que aumentam o espaço interno útil e favorecem a circulação.

ILUMINAÇÃO E TOMADAS

Quanto mais luz nesse ambiente, melhor. A luz natural é agradável e não distorce a cor dos alimentos. Abuse dessas qualidades. Utilize janelas grandes e amplie o espaço interno em cozinhas pequenas e escuras.

Geralmente a cozinha é posicionada na face oeste de uma residência, já que a face leste, por receber o sol da manhã, é mais recomendada para os dormitórios. Se esse for o caso, ela receberá o sol da tarde e, possivelmente, será um ambiente quente no verão. Plante árvores e arbustos próximo à janela para ajudar a bloquear o sol e, ao mesmo tempo, criar vistas interessantes e refrescantes.

Brise-soleil, pérgolas, toldos, películas nos vidros ou qualquer outro recurso deve ser utilizado para alcançar níveis internos de sol e luz agradáveis. Evite sombras nos planos de trabalho. Utilizando forros falsos de gesso, trilhos ou calhas, desloque o ponto de iluminação central, na laje, para cima das bancadas.

Caso a cozinha seja escura, com pouca iluminação natural, é possível simular a claridade do dia com a utilização de lâmpadas fluorescentes brancas, dispostas em calhas (sancas de gesso ou madeira), sobre os armários. Ou, ainda, criando painéis de luz no teto, utilizando vidro fosco ou acrílico.

Como esse tipo de lâmpada distorce a cor dos alimentos, principalmente das carnes, acrescente ao ambiente lâmpadas fluorescentes compactas amarelas ou lâmpadas LEDs.

Como em outros ambientes, considere diferentes interruptores para os diferentes tipos de iluminação. Separe a iluminação geral das de tarefa ou de efeito. Projete um sistema de acendimento versátil.

Não existe nada mais desesperador do que vários eletrodomésticos e apenas um ponto de tomada. Ao planejar a cozinha e zonificá-la, determine onde será utilizado cada tipo de eletrodoméstico e localize corretamente as tomadas pela cozinha.

Projetos mais modernos e organizados devem contar com espaços de armazenamento para alguns eletrodomésticos já montados, plugados e prontos para o uso. Nesse tipo de abordagem, é fundamental e indispensável que os pontos de tomada estejam locados e instalados corretamente.

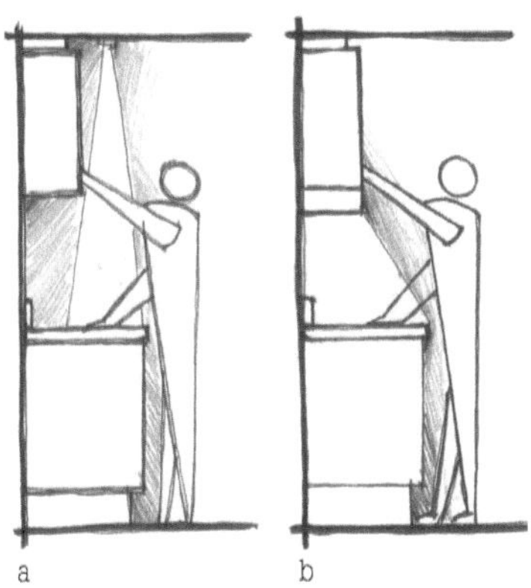

FIG. 58 – A) PARA A ILUMINAÇÃO DE TAREFA NAS BANCADAS, O IDEAL É A INSTALAÇÃO DE SPOTS NO TETO, COM LÂMPADAS FLUORESCENTES COMPACTAS QUE NÃO DISTORÇAM AS CORES, LÂMPADAS SPOTS DE LED OU AINDA LÂMPADAS DICROICAS. DIRECIONE O FACHO PARA AS BANCADAS. B) OUTRA OPÇÃO É INSTALAR LÂMPADAS FLUORESCENTES AMARELAS SOB OS PRÓPRIOS ARMÁRIOS, DIRECIONADAS ÀS BANCADAS.

Fogão, exaustor, geladeira, micro-ondas, forno elétrico, máquina de lavar pratos, freezer e outros eletrodomésticos grandes muitas vezes requerem tomadas específicas e diferenciadas. Determine cada uma delas segundo as instruções dos fabricantes.

Trituradores e torneiras elétricas exigem circuitos independentes por consumir muita energia elétrica. Portanto, devem estar corretamente especificados e locados no projeto, caso sejam solicitados.

No balcão junto à copa, podem ser necessárias tomadas para tevê, micro-ondas, torradeira, sanduicheira e todos os eletrodomésticos de pequeno porte que serão ali utilizados.

INFORME-SE SOBRE A ROTINA DAS PESSOAS QUE UTILIZARÃO A COZINHA E A COPA, E ONDE ELAS PRECISAM QUE OS ELETRODOMÉSTICOS SEJAM INSTALADOS.

MANUTENÇÃO E MATERIAIS DE ACABAMENTO

Escolha preferencialmente materiais de manutenção simples, econômica e rápida.

Pisos brancos, muito atraentes em revistas, exposições e livros, são maravilhosos mas totalmente inapropriados e ineficientes num ambiente onde a vida realmente acontece diariamente. De alta manutenção, podem transformar sua cozinha num infindável "limpar e sujar". Os rejuntes brancos também devem ser evitados, embora sejam à base de epóxi. Opte por um tom "sujinho" em vez do branco puro.

Os materiais para bancadas devem ser considerados cautelosamente. Granito, mármore (embora seja poroso), inox, madeira, Corian, azulejo, concreto, laminado, Technistone, slate e granilite são algumas entre tantas outras opções colocadas no mercado a cada ano. Todos eles apresentam prós e contras. Pondere cada uma das vantagens e desvantagens e escolha o material que mais se adapta às características do projeto.

Para o revestimento das paredes também contamos com vários materiais diferentes, em vez do tradicional azulejo do piso ao teto. Dependendo da atmosfera e caráter da cozinha, podemos utilizar pintura a óleo, textura (embora porosa), vinil, lambri de madeira, inox, vidro, pastilha de vidro, mosaico, granito. Lembre-se de que materiais porosos são mais difíceis de limpar, enquanto as superfícies lisas retêm menos sujeira.

A pintura das paredes e o revestimento com materiais mais resistentes somente nas áreas próximas ao fogão e à pia já é uma tendência que recebe mais e mais adeptos a cada ano.

Para o piso, contamos com madeira, cerâmica, pedra, mármore, granito, mosaico, pastilha de vidro, linóleo, vinil, cimento queimado e tantos outros materiais diferentes. Manutenção, praticidade, segurança, custo e estética serão os elementos que direcionarão a seleção de um deles.

Caso utilize vidro jateado nos armários, procure instalar um sanduíche de vidro (um vidro jateado e um normal) para proteger o jateamento da gordura dos dedos e das mãos.

Certifique-se de que a cor escolhida se adapta perfeitamente ao local onde serão instalados os armários.

COR

Um ambiente limpo e claro pode ser alcançado com revestimentos brancos e off white.

Caso o pé-direito seja muito alto, a cor das bancadas pode ser escurecida para reforçar as linhas horizontais existentes no ambiente. Colocar um tom mais escuro no teto pode ajudar ainda mais.

Caso o problema seja exatamente o oposto, pinte o teto com um tom mais claro do que o das paredes. A instalação de iluminação no alto dos armários para clarear ainda mais o teto é recomendável quando o pé-direito é realmente baixo e o ambiente, muito escuro. Reforçar as linhas verticais com mais divisões nas portas dos armários (portas de larguras menores criarão mais divisões e consequentemente mais linhas) também pode ser um recurso.

Em climas quentes ou cozinhas com pouca ventilação, azul-esverdeados (turquesas) são uma boa opção, já que refrescam e ajudam a "esfriar" o ambiente.

Um tom claro de amarelo ajuda a dar aquela força a mais pela manhã, ao estimular a energia. Evite tons fortes de violeta, que podem desencorajar o trabalho físico.

Tons de vermelho e laranja devem ser utilizados em cozinhas de pessoas que precisam ser encorajadas a se alimentar, pois estimulam o apetite.

PONTOS DE LIGAÇÃO HIDRÁULICA

Procure colocar um ralo na cozinha ou bem próximo a ela. Não é nada prático ter que lavar todos os ambientes que estiverem no trajeto entre a cozinha e o ralo mais próximo.

Defina o tipo de torneira a ser instalado na pia (de parede ou de bancada) e quantas serão necessárias. Novos modelos, com extensores, são práticos, porém caros. Analise a relação custo-benefício de cada escolha que fizer.

As máquinas de lavar pratos precisam de pontos de água e esgoto com registros independentes. Siga a especificação do fabricante.

Alguns modelos de geladeira que fabricam gelo automaticamente e fornecem água gelada na porta precisam de um ponto de água alto e atrás. Verifique o manual de instalação para não acontecerem surpresas indesejáveis. Estude onde locar o ponto para o filtro.

Caso a copa seja separada, verifique se haverá necessidade de instalação de uma pequena pia no local.

Distribua os registros de modo estudado. Procure evitar que fiquem situados em locais de difícil acesso ou diretamente à vista de todos.

CONFIGURAÇÃO INTERNA

Estação de trabalho

Essencialmente, a cozinha é uma estação de trabalho composta por três atividades básicas:

- armazenar (geladeira);
- preparar (pia);
- cozinhar (fogão).

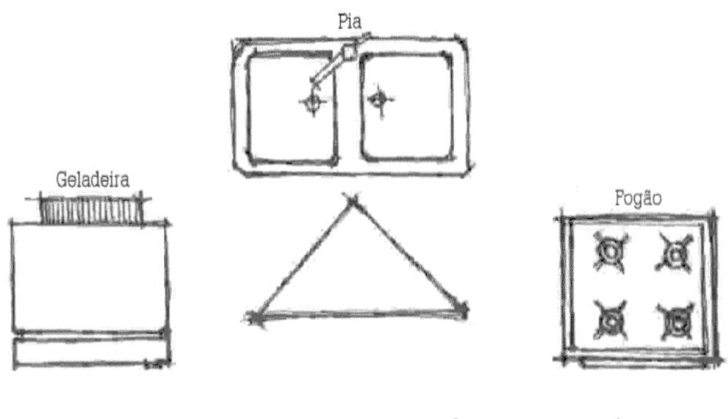

Fig. 59 – A melhor forma de organizar as três atividades é a triangular.

Procure manter a soma das três distâncias inferior a 6,50 m, já que esse percurso será feito várias vezes ao dia. A distância entre a pia e a geladeira deve ser a menor delas.

TIPOS DE DISTRIBUIÇÃO

FIG. 60 – TIPOS DE DISTRIBUIÇÃO.

A FÓRMULA DOS CINCO SETORES

Um novo conceito de planejamento de cozinhas divide sua área em cinco diferentes setores e estabelece tarefas distintas para cada um deles. Dessa forma, um não invade o outro, permitindo que mais de uma pessoa utilize a cozinha sem que ocorram choques. Essa forma de planejar a cozinha incorpora à distribuição triangular novos componentes e mais informações.

PRÓXIMO À PIA

Este é o único setor "molhado" da cozinha, devendo contar preferencialmente com duas cubas. A largura recomendada para as bancadas laterais de apoio é de aproximadamente 60 cm de cada lado da pia (caso a área destinada à cozinha assim o permita). Local para escorrer louças, máquina de lavar pratos, gaveteiros e espaço para uma lixeira devem fazer parte desse setor. Procure localizar essa área junto à janela.

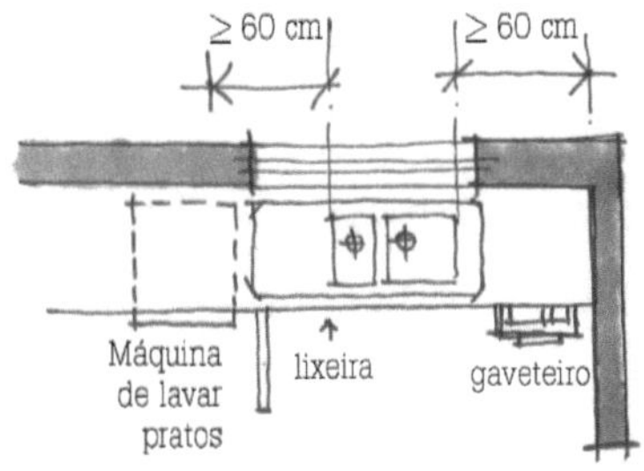

FIG. 61 – PLANEJAMENTO DE COZINHA: SETOR PRÓXIMO À PIA.

PRÓXIMO AO FOGÃO (COOKTOP)

Neste setor serão realizadas frituras e fervuras, portanto é onde se deve instalar o exaustor. Procure projetar bancadas nas laterais com pelo menos 30 cm de cada lado. Deixe um espaço para armazenar temperos e ingredientes de uso diário, panelas e gaveteiros.

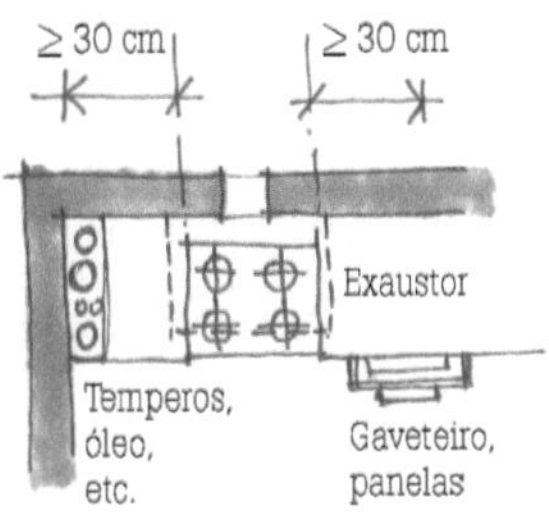

FIG. 62 – PLANEJAMENTO DE COZINHA: SETOR PRÓXIMO AO FOGÃO.

PRÓXIMO AO FORNO

Setor onde serão preparados os pratos que vão ao forno e onde serão reaquecidos os alimentos. O forno de micro-ondas pode ficar localizado aí ou na copa, dependendo dos costumes da família. É aconselhável uma bancada de apoio próximo ao forno e em material resistente ao calor, para que os pratos possam ser tirados do forno e imediatamente colocados sobre essa superfície. Devem ficar disponíveis, entre este setor e aquele ao redor da pia, o processador de alimentos, o liquidificador, a batedeira, a centrífuga e os demais eletrodomésticos utilizados no preparo dos alimentos. Instale tomadas suficientes na bancada. Podem ficar armazenados nessa área os farináceos, açúcares e demais ingredientes secos.

Área de refeições rápidas

É um setor que abriga tudo o que for necessário para a elaboração de lanches rápidos. Podem estar armazenados aí os ingredientes e eletrodomésticos necessários para o café da manhã, como cafeteira ou máquina de café expresso, torradeira, sanduicheira, micro-ondas (caso não seja utilizado nas refeições principais), espremedor de frutas, etc. Instale tomadas em número suficiente na bancada.

Essa separação é muito conveniente para famílias com diferentes horários, pois permite, por exemplo, que o café da manhã seja servido bem tarde sem atrapalhar o preparo do almoço. A bancada de apoio deve ter de 45 cm a 120 cm, no caso de famílias grandes ou que recebam amigos com frequência. Gaveteiros para toalhas e guardanapos, talheres, bem como armários para louças do dia a dia, devem também ser previstos para esta área.

Próximo à geladeira

A despensa e o freezer devem estar preferencialmente próximos ou neste setor. Procure concentrar as áreas de armazenamento. Embora não ocorra aí nenhuma tarefa mais específica, esta é uma região de tráfego e circulação intensos. Portanto, deve estar localizada numa área com fácil acesso aos demais setores da cozinha. Grandes bancadas ao lado da geladeira são de grande ajuda para o apoio de pacotes e compras, facilitando assim armazenar e organizar as compras.

TIPOS DE PLANTAS

Quanto à área ocupada

- Compacta.
- Espalhada.

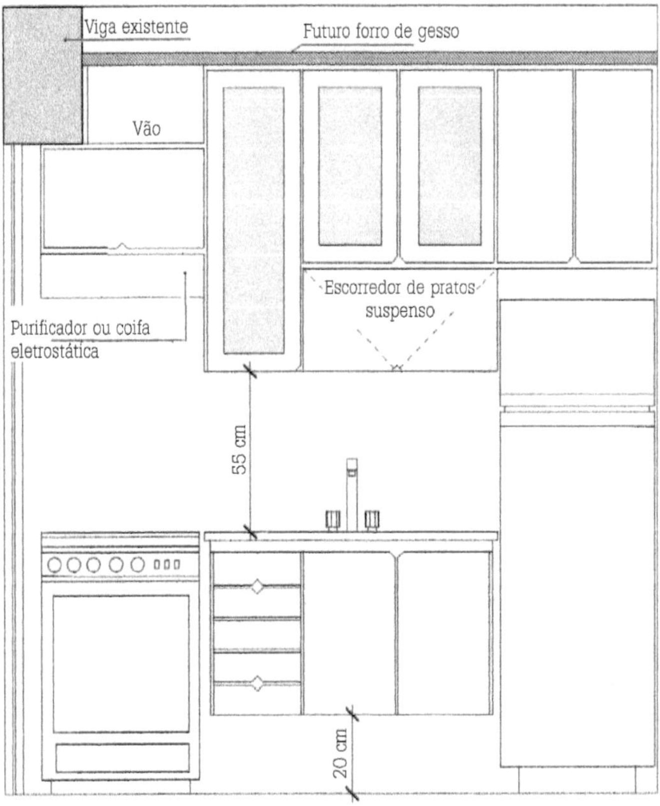

Fig. 63 – Vista de cozinha compacta.

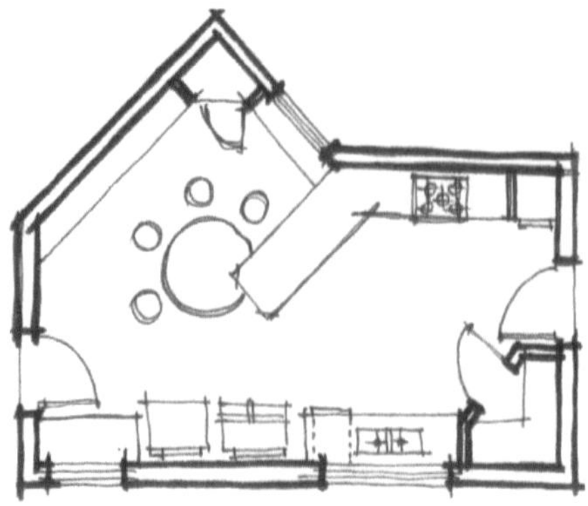

FIG. 64 – PLANTA DE COZINHA COM ÁREA ESPALHADA.

QUANTO ÀS PAREDES

- Fechada: mais tradicional e reservada, esta opção permite total privacidade e isolamento do ambiente. Barulho, odores e desorganização podem facilmente ser isolados com o fechamento de portas. A copa pode ou não estar acoplada à cozinha.

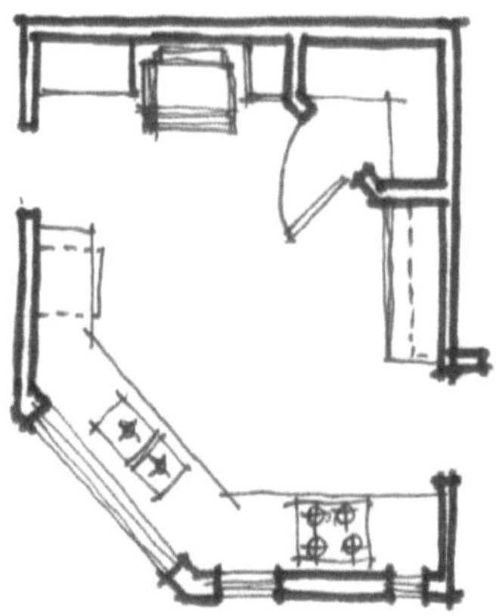

FIG. 65 – PLANTA FECHADA (PAREDES ALTAS EM TODAS AS LATERAIS DO AMBIENTE).

- Aberta ou americana: incorporada à área social, é indicada para famílias com estilo de vida mais informal e descomprometido. Antigamente era aceita somente em unidades muito pequenas, como as famosas kitchenettes. Atualmente, é muito usada em casas de praia e campo, ou ainda em apartamentos do tipo loft, estúdios e flats. É uma tendência que aumenta gradualmente, dadas as mudanças socioeconômicas. A grande maioria das famílias leva uma vida cada vez mais corrida e busca soluções mais práticas e eficientes. É também a opção das pessoas que gostam de cozinhar para amigos em reuniões informais. Entre estes, podem ser chamadas cozinhas de gourmets.

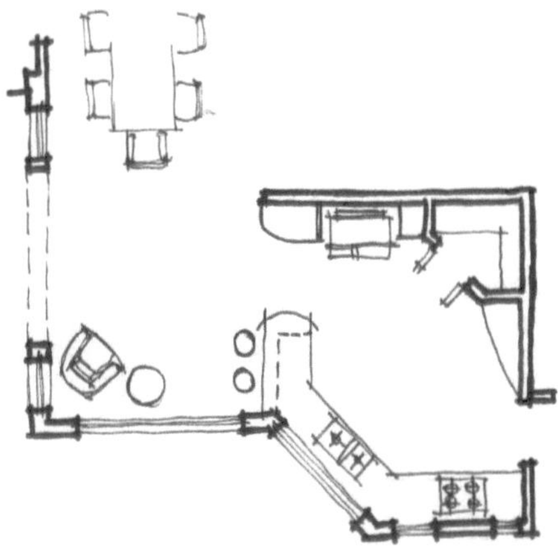

FIG. 66 – PLANTA AMERICANA.

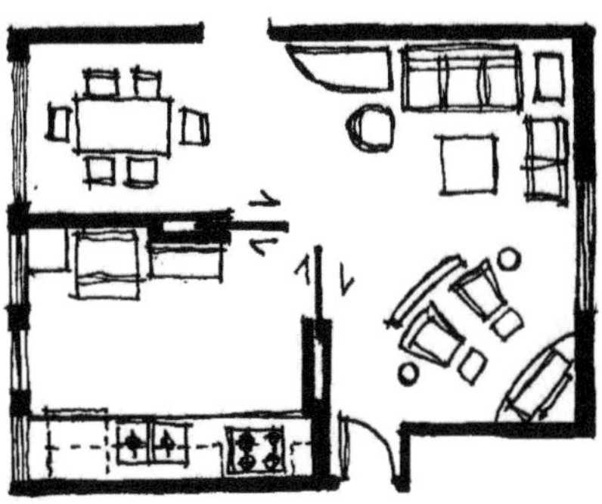

FIG. 67 – COM PORTAS DE CORRER, A COZINHA ABERTA PODE SER FECHADA QUANDO HOUVER NECESSIDADE.

PLANEJAMENTO DA COZINHA

- Identifique as necessidades desse ambiente, como, por exemplo:

  - Quantas pessoas usarão a cozinha ao mesmo tempo?

  - Qual será a idade delas?

  - O que deverá acontecer aí, além da atividade de cozinhar?

  - Que tipo de comida será preparada com maior frequência?

  - Como e em que quantidade serão armazenados os alimentos?

- Selecione os aparelhos e eletrodomésticos que deverão ser utilizados. As medidas e especificações técnicas são fundamentais.
- Analise as diferentes opções de plantas e distribuição interna, e escolha a que mais se adapte.
- Levante todos os pontos de tomada necessários, especificando sua utilização. Nos pontos de luz, especifique o tipo de lâmpada a ser utilizado.
- Defina os materiais de acabamento.

MEDIDAS BÁSICAS

A altura da coifa e do ponto de exaustão pode variar, dependendo do modelo escolhido. Portanto, verifique as especificações corretas para sua instalação.

ARMAZENAGEM DE ALIMENTOS

Despensa

Reserve uma pequena área para estocar alimentos. Ela pode ser construída de alvenaria, revestida de azulejos ou pintada com tinta acrílica,

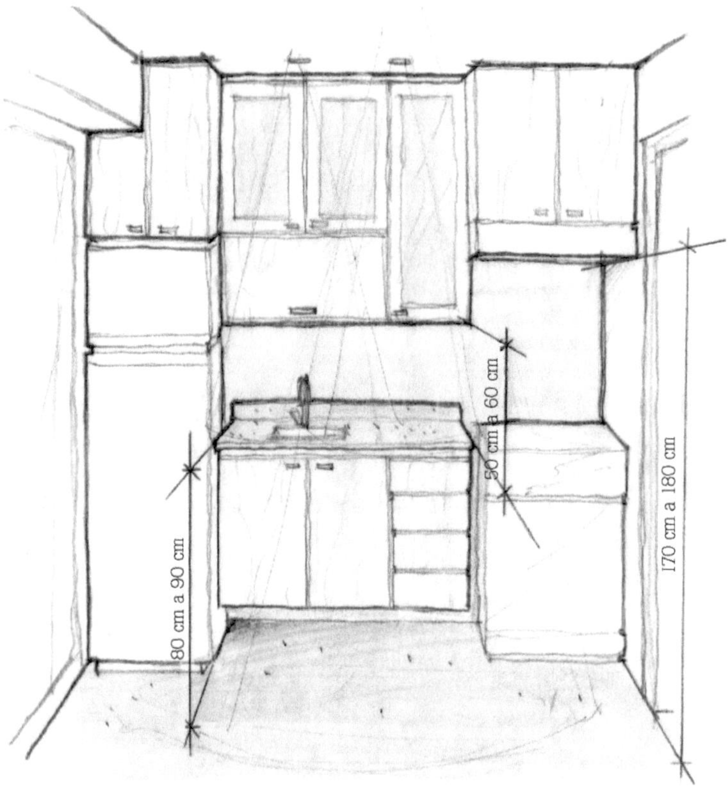

FIG. 68 – COZINHA: MEDIDAS BÁSICAS.

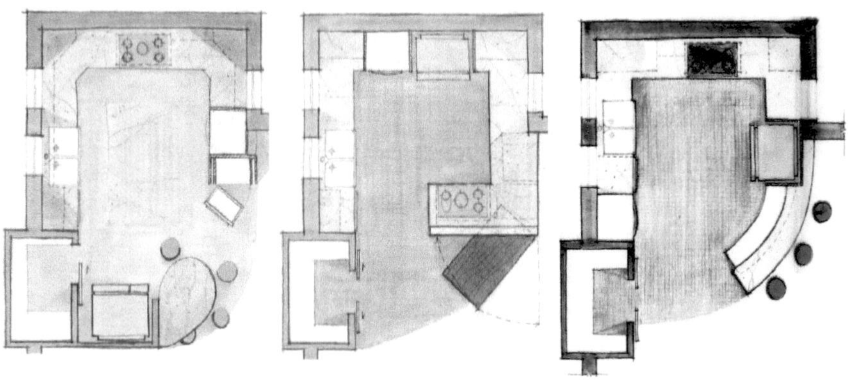

FIG. 69 – DIFERENTES OPÇÕES PARA UMA MESMA ÁREA.

ou, ainda, pode ser executada em marcenaria. Nas de alvenaria, prateleiras de concreto, granilite, mármore, granito ou ardósia são resistentes e laváveis. Fixas nas paredes, são de fácil manutenção e dificilmente requerem reformas ou ajustes. As prateleiras de madeira devem ter fórmica pelo menos na parte de cima.

Prateleiras muito fundas e altas podem diminuir o espaço interno útil e ser de difícil acesso.

O piso pode ser o mesmo da cozinha, facilitando a limpeza e mantendo a uniformidade. O piso da despensa pode ser ligeiramente mais alto para evitar a entrada de água quando a cozinha for lavada.

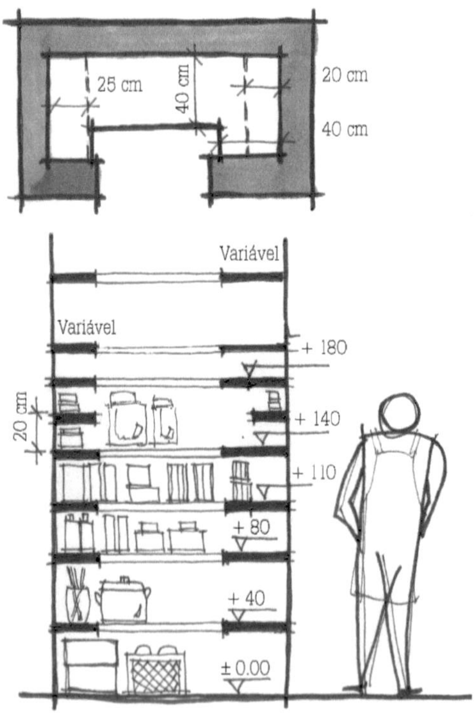

FIG. 70 – EXEMPLO DE PROJETO DE DESPENSA.

A porta pode ter uma área em veneziana ou qualquer outro detalhe que ajude na ventilação interna. Podem ser utilizadas portas de abrir grandes (70 cm), duas portas menores, de abrir ou sanfonadas, de correr, ou qualquer outro modelo.

Um ponto central de luz ou uma arandela com lâmpada LED ou fluorescente pode fazer a iluminação geral. Dependendo do tamanho da despensa, uma iluminação nas prateleiras pode ser bem-vinda.

LAVANDERIA

ATIVIDADES BÁSICAS

- Preparar: bancadas de apoio e cestos.
- Lavar: tanque e máquina de lavar roupa.
- Secar: secadora e/ou varal.
- Passar: bancada de apoio, tábua de passar.
- Guardar: bancada de apoio, prateleiras, varão para pendurar roupas passadas e armários.

LOCALIZAÇÃO

Em projetos com terrenos maiores, a edícula torna-se o local preferido para a lavanderia, embora distante do corpo central da casa. Essa opção sempre dificulta a vida de famílias que não dispõem de muito tempo para afazeres domésticos.

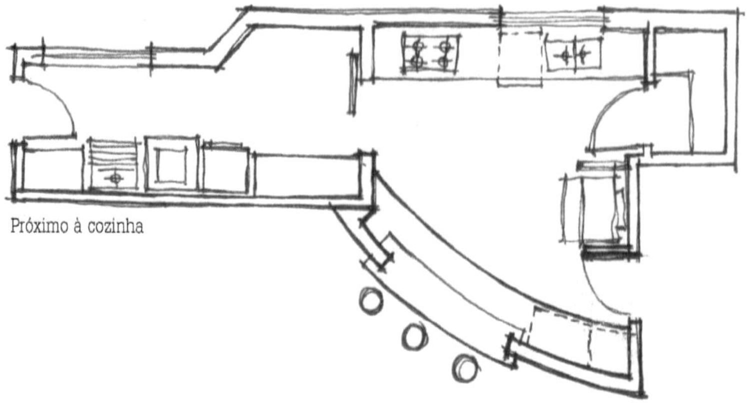

FIG. 71 – POR MOTIVOS CULTURAIS E DE ECONOMIA NA CONSTRUÇÃO DAS CASAS BRASILEIRAS, A LAVANDERIA É, NA GRANDE MAIORIA DOS CASOS, INSTALADA JUNTO À COZINHA.

C U R I O S I D A D E

AS RESIDÊNCIAS AUSTRALIANAS NÃO POSSUEM RESERVATÓRIOS DE ÁGUA SOBRE A LAJE. O ABASTECIMENTO DE ÁGUA É FEITO DE MODO DIRETO PARA EVITAR A CONTAMINAÇÃO DA ÁGUA. PORTANTO, NÃO EXISTE A PREOCUPAÇÃO COM A AGREGAÇÃO DAS ÁREAS MOLHADAS NAS RESIDÊNCIAS.

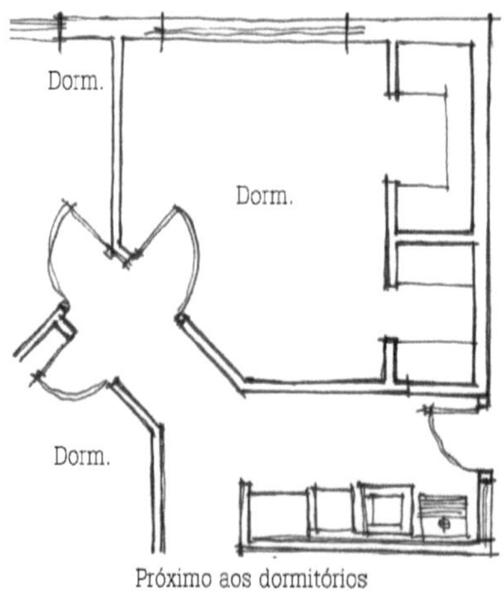

FIG. 72 – EXEMPLO DE LAVANDERIA LOCALIZADA PRÓXIMO À ÁREA DOS DORMITÓRIOS.

Como na Austrália são muito poucas as residências que contam com empregados mensalistas, a lavanderia localiza-se junto à área dos dormitórios. Ao analisarmos essa configuração, veremos que quase tudo que deve ser lavado encontra-se na área privativa de uma residência. Portanto, essa é uma opção bem mais lógica quando pensamos na racionalização do tempo dispensado a tarefas domésticas.

Qualquer que seja a localização escolhida, porém, é importante garantir acesso fácil à área externa, onde serão penduradas as roupas.

DISTRIBUIÇÃO

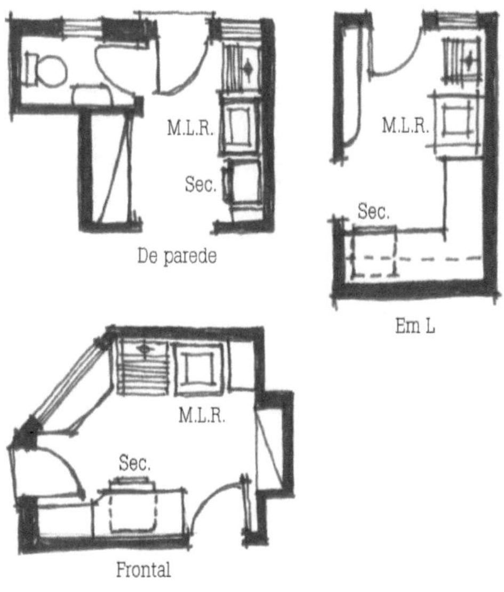

FIG. 73 – TIPOS DE DISTRIBUIÇÃO.

VENTILAÇÃO

É indispensável haver janelas para a ventilação do ambiente onde serão penduradas as roupas molhadas. Mesmo com a instalação de secadora, a circulação de ar deve ser boa para, nesse caso, evitar o superaquecimento do ambiente. Procure instalar o aquecedor a gás fora da corrente de ar para evitar que sua chama se apague constantemente. Caso seja necessário separar a cozinha da lavanderia, instale portas de correr ou de abrir com uma parte em veneziana para manter a circulação do ar entre os dois ambientes.

CIRCULAÇÃO

Geralmente a lavanderia está localizada em corredores de passagem que dão acesso ao quarto e banheiro de empregada, ou à área externa. Portanto, devem ser respeitadas dimensões que possibilitem o perfeito acesso e utilização dos equipamentos sem que ocorram choques com pessoas que por ali transitem.

ILUMINAÇÃO, PONTOS DE LIGAÇÃO ELÉTRICA E HIDRÁULICA

Tanque, máquina de lavar roupa, secadora e tábua de passar são os equipamentos básicos e indispensáveis numa lavanderia. Cada um deles necessita de pontos de água, energia ou gás, conforme as especificações dos fabricantes.

É também nesse ambiente que na maioria dos casos é instalado, em algumas residências no Brasil, o aquecedor de água central (a gás ou elétrico). Verifique os modelos existentes e qual se adapta melhor às dimensões do ambiente.

Uma janela grande garante iluminação natural abundante. Para a iluminação geral, lâmpadas fluorescentes são a melhor opção, já que consomem pouca energia e proporcionam uma iluminação mais difusa e bem distribuída. Na área onde as roupas serão passadas, é conveniente instalar iluminação de tarefa.

MATERIAIS

Aplique na lavanderia os mesmos materiais da cozinha, de modo a não retalhar visualmente o projeto.

Caso a opção seja por uma lavanderia na área interna, escolha materiais coordenados e em harmonia com aqueles aplicados próximo a ela. Nessa situação, evite revestir a lavanderia com azulejos. Opte por pintura especial para cozinhas ou banheiros, usando um detalhe em material mais resistente atrás do tanque e da máquina de lavar. Portas de madeira e não de vidro dão mais privacidade e isolamento à lavanderia, evitando que seja vista do corredor ou de qualquer outro ambiente próximo.

Pense sempre na praticidade e segurança de quem utiliza esse local. Procure evitar pisos vitrificados e muito brilhantes, já que se tornam escorregadios com água.

COR

Caso a lavanderia esteja próxima à cozinha, mantenha as mesmas cores e padrões. Evite retalhamentos desnecessários, que diminuem visualmente os ambientes.

Se estiver próxima à área dos dormitórios, escolha cores que se harmonizem bem com as dos ambientes vizinhos. O branco simboliza limpeza e frescura, amplia o ambiente, mas pode deixá-lo um pouco impessoal. Uma cor numa parede pode acrescentar charme e aconchego.

Em ambientes pequenos utilize tons claros, que reflitam bem a luz. Dê preferência às cores frias, já que este é um ambiente em geral quente (devido à máquina de secar e ao ferro de passar). Evite tons de lilás, pois desestimulam o trabalho físico.

ESCRITÓRIO

Devemos estar atentos às inovações tecnológicas e às facilidades que possibilitam. A wireless internet, por exemplo, possibilita haver somente um ponto de internet central numa casa. A internet móvel, com a simples utilização de um *pen drive*, possibilita que não haja nem mesmo um ponto fixo na casa. São alterações de que devemos estar cientes. Mais uma vez, é a pesquisa que possibilita soluções criativas e inovadoras.

Não são poucos os profissionais que exercem suas atividades em escritórios dentro de casa, bem como famílias que administram seus bens e sua vida financeira diretamente deste prático e compacto ambiente. E com as facilidades do computador, essa tendência aumenta diariamente.

LOCALIZAÇÃO

Dependendo do uso do espaço, como escritório familiar ou profissional, algumas diferenças básicas devem ser consideradas.

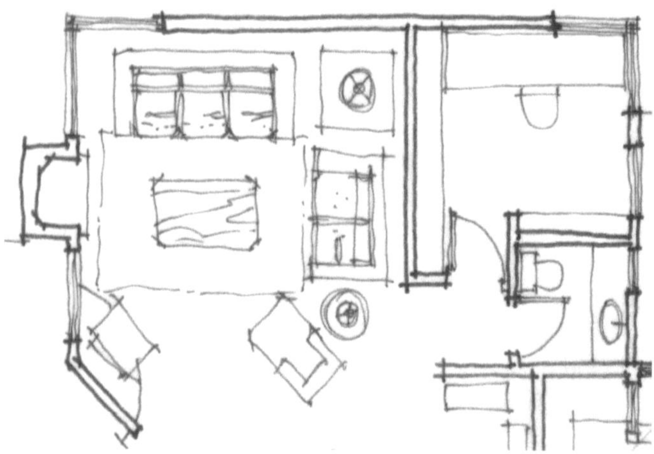

FIG. 74 – CASO O ESCRITÓRIO SEJA UTILIZADO PARA ASSUNTOS UNICAMENTE FAMILIARES, PODE ESTAR LOCALIZADO NUM DOS AMBIENTES DA RESIDÊNCIA, DE PREFERÊNCIA NO QUE ESTIVER MAIS PRÓXIMO AO LAVABO.

Verifique a necessidade e a possibilidade da instalação de um lavabo privativo, uma minigeladeira ou um frigobar no ambiente.

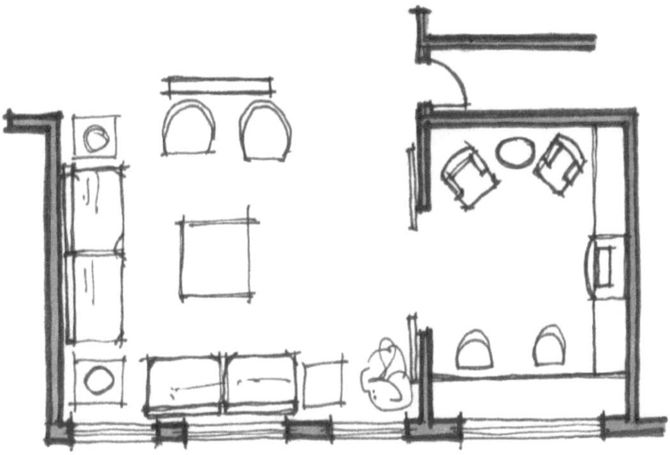

FIG. 75 – INTERLIGADO COM O LIVING OU COM O CORREDOR ATRAVÉS DE PORTAS DE CORRER OU SANFONADAS, PERMITE AUMENTAR A ÁREA INTERNA DO AMBIENTE MENOR OU ISOLÁ-LO, QUANDO NECESSÁRIO.

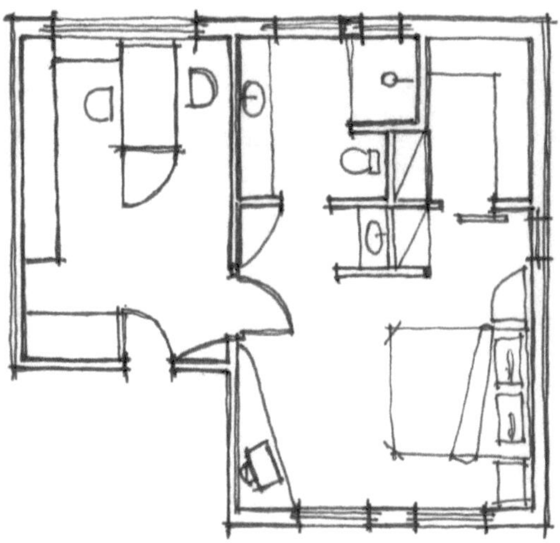

FIG. 76 – UM ESCRITÓRIO MAIS RESERVADO E ANEXO À SUÍTE DO CASAL É UMA OPÇÃO QUE PERMITE MAIOR PRIVACIDADE.

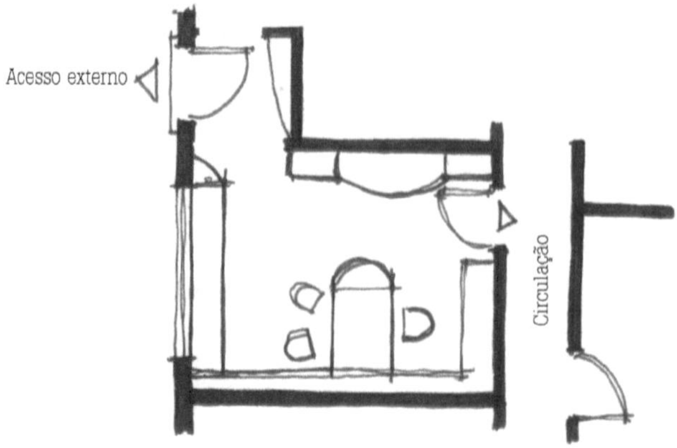

FIG. 77 – PARA USO RESTRITAMENTE PROFISSIONAL, É ACONSELHÁVEL QUE ESTEJA PRÓXIMO À PORTA DE ENTRADA OU, MELHOR AINDA, QUE TENHA UMA PORTA DE ACESSO DIRETO À ÁREA EXTERNA DA RESIDÊNCIA. COM ESSE RECURSO, EVITA-SE QUE PESSOAS ESTRANHAS À FAMÍLIA CAMINHEM PELA CASA.

VENTILAÇÃO

Posicione as portas e janelas de modo a estimular a circulação cruzada de ar pelo ambiente. É melhor escolher janelas que possam ser abertas e renovem o ar interno, mesmo com a existência de ar-condicionado. Utilize ventiladores de teto para ajudar a forçar o movimento do ar.

Caso haja uma agradável vista externa, a janela de canto é uma solução que ajuda a relaxar os olhos cansados pelo uso do computador.

CIRCULAÇÃO

Evite as trombadas em móveis. Certifique-se do tipo de cadeira a ser utilizada e equipamentos aos quais se deve ter acesso mais frequente e fácil. Os movimentos internos devem ser amplos e livres.

As portas de correr permitem maior utilização dos espaços internos do ambiente, tanto a dos móveis como as de acesso. Também são uma boa opção para interligar ambientes como o living e o escritório.

ILUMINAÇÃO E TOMADAS

Quanto mais luz natural, melhor. Posicione a mesa de modo que a luz proveniente da janela não projete sombras no plano de trabalho. Para destros, a luz deve vir da esquerda, e para canhotos, da direita.

A iluminação geral pode ser feita por lâmpadas fluorescentes compactas, com ou sem difusor de vidro, que evita reflexos.

Caso o teto seja baixo e não permita a utilização de spots embutidos, pode-se optar por trilhos com spots externos ou calhas para lâmpadas fluorescentes, para desviar os focos de luz. A utilização de uma luminária de luz indireta com lâmpada halógena e dimmer também tem bom resultado, além das LEDs. Essa luminária joga uma forte luz sobre o teto, refletida no ambiente.

Preferencialmente situe os pontos entre bancada e cadeira.

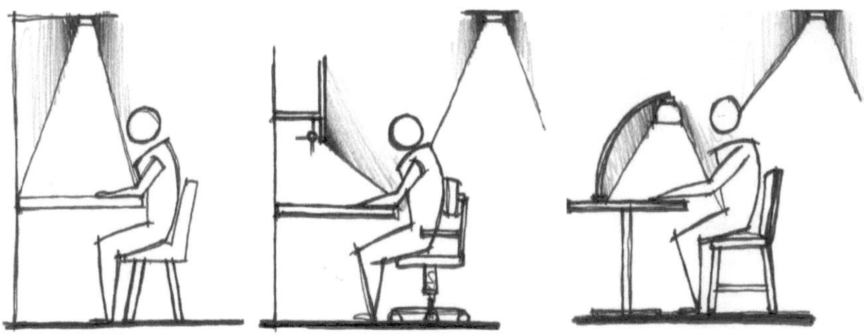

a b c

FIG. 78 – A) A ILUMINAÇÃO DE TAREFA PODE VIR DA LAJE OU DO FORRO DE GESSO, DIRETAMENTE SOBRE A BANCADA, COM SPOTS FIXOS E LÂMPADAS DE FACHO ABERTO. B) É POSSÍVEL AINDA UTILIZAR LÂMPADAS FLUORESCENTES OU FAIXA DE LED EMBUTIDAS NO MOBILIÁRIO. C) AS LUMINÁRIAS DE MESA TAMBÉM SÃO UMA OPÇÃO BOA. LEMBRE-SE DE QUE AS LÂMPADAS HALÓGENAS ESQUENTAM MUITO, EMBORA SEJAM AS MAIS UTILIZADAS NAS PEÇAS DE DESIGN CONTEMPORÂNEO – POR ISSO, É MELHOR OPTAR POR LED.

Se preferir, use luminárias de mesa com lâmpadas fluorescentes compactas. Evite as halógenas, pois, pela proximidade, mesmo sendo dicroicas, poderão esquentar bastante.

As lâmpadas fluorescentes, embora vibrem imperceptivelmente, cansando a vista, não esquentam.

Uma arandela ou uma luminária de mesa pode produzir uma iluminação de efeito na área própria a conversas um pouco mais informais.

Instale diferentes interruptores para possibilitar várias opções de acendimento das luzes. Permita que se criem diferentes atmosferas, dependendo da necessidade.

Em espaços escuros, pequenos e com pé-direito baixo, sancas com lâmpadas fluorescentes brancas podem ser um recurso para ajudar a aumentar visualmente a altura do ambiente. Procure não utilizar muitas lâmpadas para não iluminar demais o ambiente. Use algumas lâmpadas amarelas, como as LEDs, fluorescentes compactas ou dicroicas, para quebrar o branco e deixar a atmosfera mais aconchegante.

Levante todos os aparelhos eletrônicos que devem fazer parte do escritório, bem como geladeira, cafeteira e demais eletrodomésticos. Posicione-os no projeto e loque os seus pontos corretamente, para evitar problemas futuros com fiação cruzando o ambiente. A tecnologia com a conexão Wi-Fi facilita muito, proporcionando maior flexibilidade.

MATERIAIS

Opte por pisos de fácil manutenção e que não deixem a atmosfera parecida com a de um dormitório. É importante que o clima induza ao trabalho e a uma postura profissional.

Os pisos frios são ideais para climas quentes e escritórios mais informais. Coloque alguns tapetes sobre ele para ajudar na absorção do som. Já para dar mais aconchego e conter a propagação do som, use madeira, laminados, carpetes de madeira ou qualquer outro revestimento quente.

Na maioria dos casos as cadeiras têm rodízios, portanto certifique-se de que a resistência do revestimento escolhido é compatível com eles.

O carpete também é uma boa opção para climas frios ou atmosferas mais aconchegantes. Prefira os antiestáticos específicos para áreas com computadores, ou ainda os especificamente desenvolvidos para esse ambiente (na maioria do tipo buclê).

Dependendo da atmosfera que pretenda criar no ambiente, são inúmeras as opções para os revestimentos de parede e teto.

COR

Tons de laranja aceleram o raciocínio. Tons verde-claros acentuam o equilíbrio em escritórios onde grandes decisões são tomadas, além de refrescar o ambiente. Se for necessária uma ajuda para a comunicação, utilize tons de azul-turquesa.

Se gostar de violeta e quiser utilizar essa cor estimulante da intuição, componha-a com um tom de amarelo para acelerar um pouco mais a mente. Por exemplo, utilize o violeta numa parede, com o piso em pau-marfim. Salas onde as pessoas precisam ser diretas e objetivas devem ter um pouco de vermelho.

Diferentes cores e tons podem ser utilizados em diferentes superfícies e materiais. Estude onde as pessoas estarão sentadas, a parede ou as superfícies que mais irão enxergar e de que ajuda precisam na atividade que estarão executando. Defina então as cores a serem utilizadas e escolha o revestimento que complementará a atmosfera desejada.

PLANEJAMENTO DO ESCRITÓRIO

Tipo de escritório

- Administração da casa e pessoal.
- Local de trabalho em horário integral.
- Local de trabalho em meio período ou ocasional.
- Extensão do local de trabalho.
- Passatempos.

Necessidades básicas do local

- Quanto tempo será gasto no ambiente diariamente?
- Como será sua utilização e por quantas pessoas simultaneamente?
- O local receberá pessoas ou clientes, ou será um espaço privativo?
- Que tipo de trabalhos serão realizados ali?
- Quais serão os equipamentos necessários e qual será a tecnologia utilizada?
- Quais serão as peças do mobiliário e sua distribuição?
- Qual o tamanho desejado para o espaço?

Preferências dos usuários

- Qual a atmosfera desejada?
- Que materiais e cores mais agradam?

- Precisam de total isolamento ou podem se ligar ao restante da casa?
- Será preciso ar-condicionado ou apenas um ventilador de teto?
- O ambiente será multifuncional ou somente um escritório?

Localização

- Dormitório extra: o escritório pode ocupar um dormitório já existente ou ser criado a partir da divisão de uma sala ou living muito grande. Em residências projetadas, deve ser um ambiente já totalmente de acordo com as necessidades dos usuários.
- Parte de um ambiente: quando não há necessidade de um espaço especialmente designado para essa função, ele pode fazer parte ou estar acoplado a qualquer dos ambientes da casa. Sob a escada de acesso ao segundo piso, num hall, na copa, no dormitório do casal, e assim por diante.
- Edícula: esse ambiente pode ser, na maioria dos casos, muito facilmente transformado e adaptado. Ideal para quem necessita de isolamento do restante da casa.
- Garagem: uma garagem grande pode ser dividida e transformada em escritório. Na maioria dos casos, tem fácil acesso externo, sendo ideal para quem recebe pessoas estranhas à família e quer um pouco mais de privacidade. Lembre-se de que essa adaptação está sujeita à aprovação da prefeitura ou de outros órgãos responsáveis.
- Mezanino ou sótão: tanto um quanto outro são facilmente convertidos em escritórios.

TIPOS DE DISTRIBUIÇÃO INTERNA

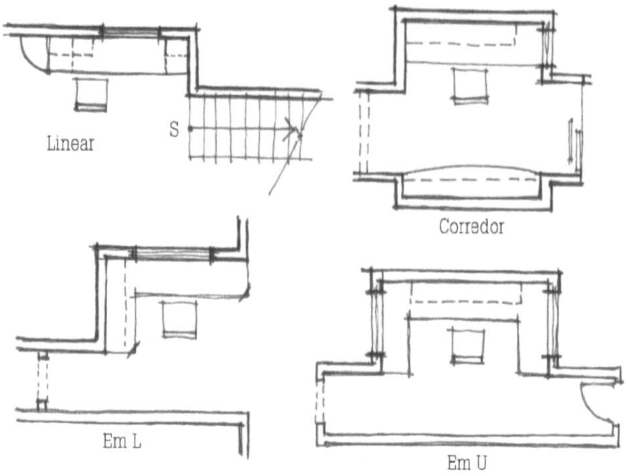

FIG. 79 – TIPOS DE DISTRIBUIÇÃO INTERNA.

MEDIDAS BÁSICAS

- Tampos de mesas - de 73 cm a 75 cm do piso.
- Prateleiras - 20 cm são recomendados para uma única fileira.

Posicionar o computador corretamente é absolutamente essencial. Evite que o monitor fique baixo ou muito alto em relação aos olhos, pois causa dores no pescoço, na cabeça e nas costas.

Diversos equipamentos, mesas e suportes para os braços, pernas e mãos foram colocados no mercado desde o início da febre dos computadores. Todos eles procuram evitar as dores e o cansaço causados com a utilização constante e diária desse equipamento.

9 AMBIENTES ESPECIAIS

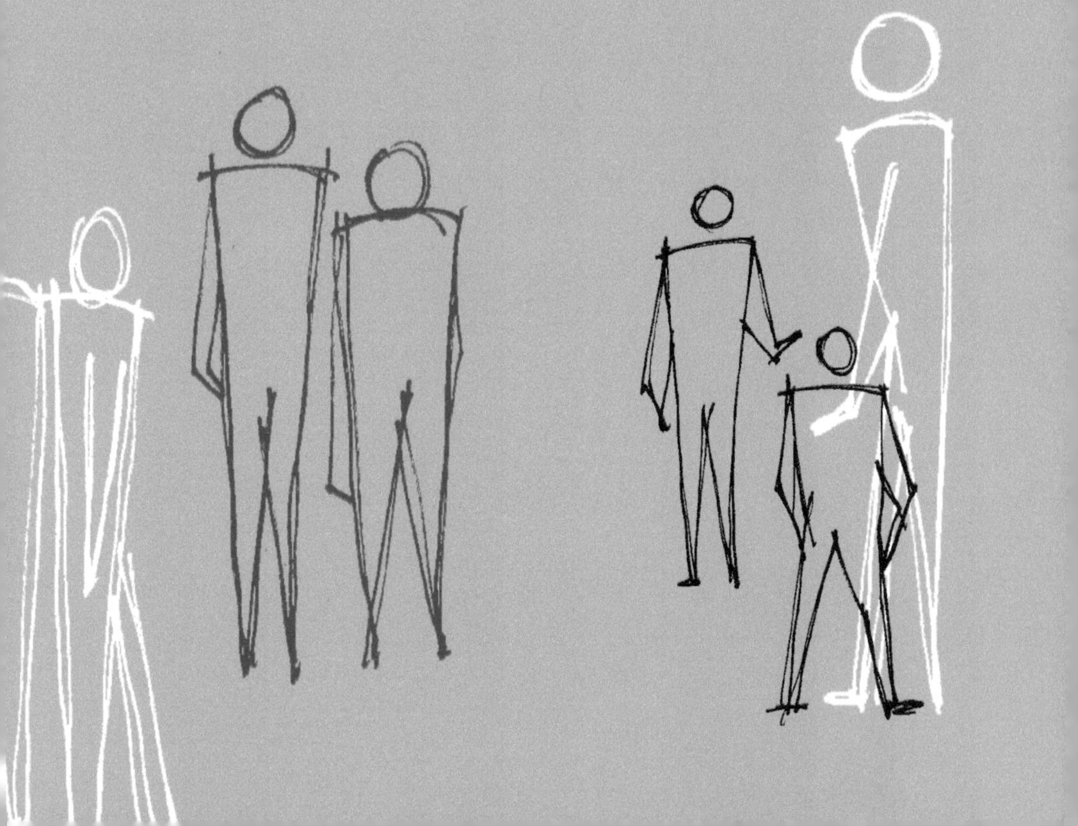

MEZANINO

Na maioria dos casos, é um ambiente extremamente agradável e interessante, além de valorizar a construção. Pode ser utilizado para diferentes atividades, como escritório, sala de tevê, salão de jogos, dormitório, etc.

- Pode ser executado em laje de concreto, estrutura metálica com painéis de chapa, estrutura de madeira com piso também em madeira, ou com outros materiais diferentes e criativos, como tijolos de vidro, por exemplo. Utilize os materiais que mais se adaptem à atmosfera e à utilização do ambiente.
- O acesso é sempre feito por escadas, que devem ser seguras e adaptadas corretamente ao tráfego de pessoas que farão uso dela. Instale gradil de proteção e corrimão para garantir total segurança.
- Quando a vista gerada por uma possível elevação do piso merece ser explorada mas a altura do ambiente não é suficiente para dois ambientes sobrepostos, podemos elevar somente o viável permitido pelo pé-direito. O espaço criado sob essa elevação do piso poderá ser utilizado como área de armazenamento.
- Lembre-se de que o ar quente sobe, ou seja, esses espaços tendem a ser mais quentes que o restante da casa. Para evitar esse problema

em climas quentes, podem ser instalados ventiladores a uma altura de aproximadamente 2,5 m no ambiente com pé-direito duplo ou mesmo na altura do piso do mezanino. Isso evitará que o ar quente suba e aqueça demais o mezanino. Ainda em climas quentes, opte por materiais sem massa térmica para esse espaço.

PÁTIO E "AL FRESCO"

Plantas quadradas, em forma de U ou L, favorecem a criação de um ambiente privativo muito agradável e possibilitam vistas interessantes aos ambientes aí localizados.

Pode ser um ambiente bem flexível, com áreas para recreação, relaxamento e/ou sociabilização.

- Os materiais de revestimento do piso devem ser antiderrapantes e seguros. Evite revestimentos escuros, que esquentam demais ao sol e podem tornar-se perigosos para pés descalços. Tijolo, pedra, piso

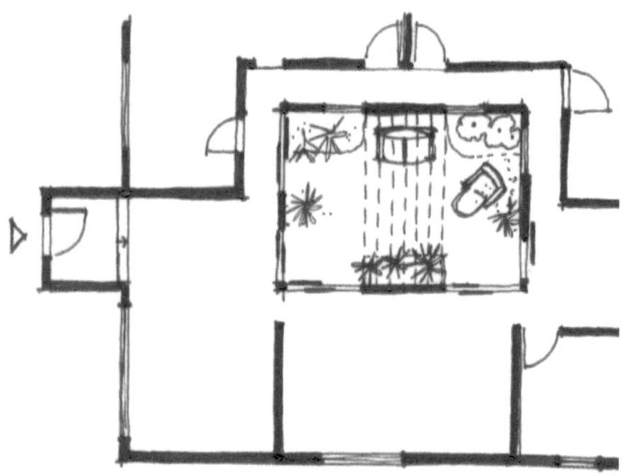

FIG. 80 – UMA RESIDÊNCIA COM PLANTA QUADRADA POSSIBILITA A CRIAÇÃO DE UM PÁTIO PRIVATIVO INTERNO, QUE PODE MELHORAR A ILUMINAÇÃO DOS AMBIENTES E SER USADO COMO ÁREA RECREATIVA.

cimentado liso ou com pedras incrustadas, cerâmica, deck de madeira, toras de madeira, dormentes, grama ou mesmo pedriscos soltos são algumas opções de piso para este ambiente.

- Uma parte do pátio pode receber cobertura para evitar chuva e sol em demasia. Não o cubra totalmente para que a iluminação dos ambientes ao redor não seja prejudicada e para não favorecer o efeito estufa. Podem-se utilizar pergolado de madeira rústica ou aparelhada, pérgola de concreto, estrutura de ferro e vidro ou alumínio e policarbonato, toldo em forma de vela de barco, bambu ou outros recursos que ajudam na definição do caráter do ambiente.

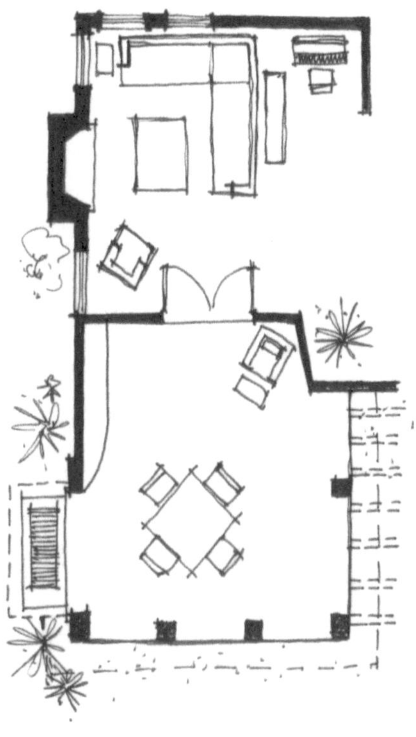

FIG. 81 – A EXPRESSÃO ITALIANA "AL FRESCO" REFERE-SE A UMA ÁREA EXTERNA À RESIDÊNCIA ONDE AS PESSOAS SE ALIMENTAM E RECEBEM AMIGOS. É UM AMBIENTE QUE PODE ACRESCENTAR MUITO CHARME AO PROJETO DE UMA RESIDÊNCIA. É COMO UMA GRANDE VARANDA SOB O MESMO TETO DA EDIFICAÇÃO.

- Crie centros de interesses no ambiente. Uma textura diferente em uma das paredes, uma fonte ou qualquer forma de água na composição, ou ainda plantas exóticas, que atraiam pássaros, podem acrescentar um elemento diferente ao projeto. Analise as vistas que devem ser favorecidas e use a imaginação para surpreender e gerar interesse. Para proteger as faces que recebem o sol da tarde, plante árvores que protejam no verão e percam as folhas no inverno.
- Utilize luzes de tarefa sobre mesas de jogo ou bancadas. Toda a iluminação restante deve preferencialmente ser de efeito. Procure sempre explorar o facho luminoso e não a luminária. Com uma iluminação de efeito, à noite, esse ambiente continuará a oferecer vistas gratificantes e agradáveis. Surpreenda com luminárias posicionadas sob árvores e arbustos. As lâmpadas utilizadas devem ser do tipo PAR 20 ou 36 (blindadas). Distribua-as em diferentes interruptores para permitir flexibilidade no acendimento.
- A tendência contemporânea de design de pátios segue a linha italiana, que pavimenta grande parte de sua área. Sobre ela são distribuídos muitos vasos com árvores, arbustos e flores. Projete um sistema eficiente de coleta de águas pluviais, pois, seguindo essa tendência, a área de absorção natural das águas pluviais será muito pequena e acarretará um grande volume de água a ser escoada.

> AO EXECUTAR UM PROJETO EXTERNO COM MUITA ÁREA PAVIMENTADA É PRECISO CONSULTAR A PREFEITURA E OS ÓRGÃOS RESPONSÁVEIS PELO CONTROLE DAS EDIFICAÇÕES. SOMENTE ELES PODERÃO INFORMAR QUAL A ÁREA OBRIGATÓRIA PARA A CAPTAÇÃO DAS ÁGUAS PLUVIAIS QUE DEVE SER DEIXADA SEM PAVIMENTAÇÃO.

VARANDA E SACADA

É necessário consultar as leis do condomínio antes de fazer qualquer alteração na fachada de um prédio. A maioria deles não permite alterações nas varandas e sacadas.

- Se a área da sacada for pequena e praticamente não houver espaço para que ela seja utilizada de fato, convém transformá-la num pequeno jardim, com plantas e árvores de pequeno porte plantadas em vasos. Coloque os vasos num deck de madeira ou preencha os espaços entre eles com seixos ou pedras maiores, para que a água da chuva escoe normalmente pelo ralo.
- Treliças ou suportes aramados podem dar um charme a mais, ao mesmo tempo que criam um centro de interesse agradável. A vista do living ou mesmo de um dormitório pode ser completamente transformada utilizando-se esse recurso, que ajuda, inclusive, a dar privacidade aos ambientes. Luminárias "espetadas" nos vasos transformam a vista noturna e criam uma agradável atmosfera.
- Pense nas varandas como extensão dos ambientes. Integre e amplie os ambientes pequenos. Coberturas de vidro e ferro ou alumínio e policarbonato podem integrar definitivamente os espaços. Mantenha o mesmo piso ou, pelo menos, a mesma cor, assim a sensação de ampliação e continuidade estará garantida. Instale um ventilador de teto caso seja necessário ajudar a forçar a circulação do ar. Projete janelas que facilitem o cruzamento das correntes de ar pelo ambiente. Use vidro ou policarbonato para reduzir a incidência de raios ultravioleta e consequentemente esquentar menos o ambiente interno. Talvez seja necessário colocar cortinas ou qualquer outro tipo de proteção, dependendo da maior ou menor incidência de sol.

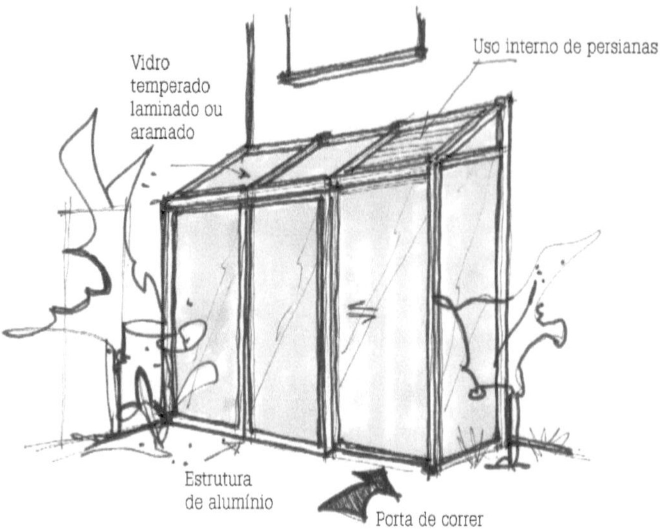

Fig. 82 – Uma varanda não aproveitada pode ser incorporada à área interna da casa com a utilização de uma cobertura fixa. Consulte os órgãos responsáveis quanto à legalidade do projeto.

- Localize pontos de luz e tomadas segundo a utilização do ambiente. Se usar cobertura de vidro, as arandelas podem ser uma boa solução.
- As varandas dos prédios de apartamento, na maioria dos casos, não podem ser fechadas com nenhum tipo de material para que não seja alterada a fachada principal do edifício. Alguns condomínios, entretanto, permitem o fechamento com painéis de vidro transparente ou toldos plásticos também transparentes. Com um recurso desses, pode-se dar uma melhor utilização para a varanda. Quando há maior controle térmico, além da ampliação do espaço útil do apartamento, podem-se criar novos ambientes de atmosfera aconchegante e vistas interessantes.

WORKSHOP

Ambiente não muito conhecido ou apreciado no Brasil, é famoso nos países que cultuam a filosofia "faça você mesmo". É o local preferido e ideal para ferramentas e máquinas, e onde se pode cultivar tranquilamente um passatempo.

De modo geral, podemos considerar algumas necessidades básicas desses ambientes:

- dependendo da atividade que será realizada aí e da quantidade de ruído que causará, o workshop deverá ficar afastado do corpo da casa. Construído em alvenaria ou estrutura metálica, pode dar um charme muito especial ao jardim ou pátio. Se o terreno ou o espaço existente não permitir que seja um corpo separado, pode ser instalado próximo ou mesmo dentro da garagem;
- geralmente o acesso ao workshop é feito por uma grande porta de garagem, do modelo que melhor se adapte à sua finalidade e ao estilo da construção. Mesmo que o acesso principal seja projetado por uma porta de tamanho normal (80 cm), deixe sempre uma porta maior de apoio (pelo menos dupla) como garantia, a fim de facilitar a entrada de máquinas ou peças maiores de mobiliário;
- posicione as janelas de modo a facilitar a circulação de ar, a entrada de luz natural e ar fresco. Caso a circulação natural de ar não seja suficiente, instale exaustores no telhado para forçar a renovação do ar. Ventiladores de teto ou de parede também ajudam bastante;
- é aconselhável que o quadro geral de luz seja de fácil acesso e nele sejam ligadas ou desligadas todas as tomadas e pontos de luz. Garantir total segurança contra incêndios e acidentes é fundamental. Programe circuitos independentes e extras para máquinas 220 V.

Projete vários pontos de tomada (110 V) ao longo das bancadas de trabalho. Consulte um engenheiro elétrico ou um eletricista de sua confiança para saber as especificações necessárias;

- este ambiente deve ser bem iluminado. Use lâmpadas fluorescentes ou LEDs para a iluminação geral e de tarefa. Sobre as bancadas podem ser instalados spots com lâmpadas fluorescentes, caso não sejam utilizadas máquinas de movimentos oscilatórios. As lâmpadas fluorescentes podem causar efeito estroboscópico em máquinas dessa natureza, o que seria muito perigoso para quem as opera. As lâmpadas que não oscilam são as mais indicadas para a iluminação de tarefa nesse tipo de ambiente. Projete acendimentos independentes para os diferentes tipos de iluminação;
- use telhas transparentes, cúpulas ou claraboias para aumentar a iluminação natural;
- bancadas de apoio são fundamentais, bem como áreas de armazenamento para grandes e pequenos objetos;
- um tanque de inox com uma pequena bancada é muito útil, pois um local para lavar as mãos e objetos sujos de graxa ou cola pode fazer muita falta;
- verifique a necessidade de instalar uma pequena copa. Uma minigeladeira ou frigobar, uma bancada de apoio com uma pequena pia e tomadas para máquina de café ou qualquer outro eletrodoméstico são de grande valia;
- os materiais de revestimento de piso devem ser resistentes, como, por exemplo, o piso de concreto especial para garagens e fábricas. Cerâmica de alta resistência também é uma boa opção. Lembre-se

de que superfícies rústicas e porosas retêm mais a poeira. Considere esse fator ao escolher os tipo de revestimento para este ambiente;

- evite o branco, pois sua manutenção pode tornar-se impossível e sem fim. Escolha um tom que ajude a esconder um pouco o pó, além de estimular o trabalho.

ESTÚDIO OU ATELIÊ

Um espaço de criação deve ser iluminado pela maior quantidade de luz natural possível. A face sul, como não recebe praticamente insolação, é a ideal para este ambiente, pois garante a maior veracidade das cores. Portanto, projete grandes janelas ou painéis de vidro, caso o ambiente faceie o sul.

- Skywindows (claraboias) direcionadas para o sul podem captar uma quantidade enorme de luz para os ambientes escuros.
- A iluminação geral deve ser o mais difusa possível, para que não ocorram sombras, e as lâmpadas devem ser as que proporcionem menos distorção de cores. Sancas de gesso, painéis de luz no teto ou mesmo calhas com difusores são algumas opções. A iluminação deve ser profundamente discutida e analisada com o artista em questão. É necessário colocar tomadas nas paredes e nas bancadas.
- Evite a utilização de cores. Uma solução acromática ou, no máximo, off white é a mais recomendada, pois interfere menos nos trabalhos executados.
- No piso, opte por cores e tons neutros para que não interfiram, por reflexão, nas cores utilizadas pelo artista. Se quiser uma atmosfera bem limpa, opte por revestimentos também brancos ou bem claros,

como madeira descolorida ou mesmo pintura branca especial para pisos. Lembre-se de que, dependendo do tipo de arte que será desenvolvida no ambiente, a "sujeira" pode fazer parte da atmosfera.

- Uma pia numa minicopa é uma boa opção para evitar dispersões. É indispensável a instalação de um tanque com uma bancada de apoio. Espaços para armazenamento de materiais também são imprescindíveis.

10 ILUMINAÇÃO

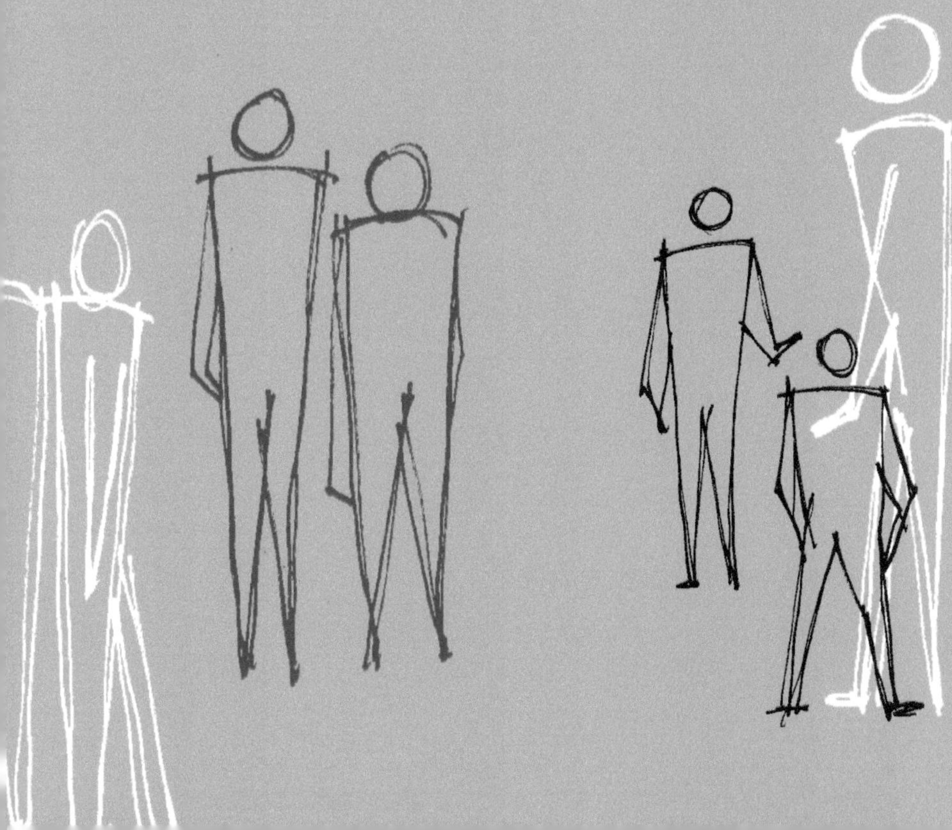

Uma lâmpada não ilumina por si só, é necessária uma superfície que reflita a luz por ela emitida. Portanto, diferentes superfícies respondem diferentemente à iluminação gerada por uma mesma lâmpada, dependendo da cor, do material e da textura que as compõem. As superfícies lisas refletem mais luz, enquanto as rugosas serão responsáveis por uma maior absorção da luz refletida. As dimensões do ambiente também exercem uma grande influência na iluminação, como, por exemplo, um pé-direito muito alto necessita de luminárias com refletores mais potentes e lâmpadas especiais.

A luz, como meio óptico, é fundamental na criação de efeitos particulares e deve ser explorada como diferencial no projeto de interiores. Pode ser utilizada para realçar elementos, criando pontos de interesse; para criar diferentes atmosferas; ou simplesmente iluminar. É útil ainda para dar maior sensação de aconchego, entristecer, estimular ou acalmar os sentidos. A quantidade e o tipo de luz incidente sob uma superfície colorida têm influência direta no modo como vemos e sentimos as cores, e podem alterar consideravelmente sua tonalidade. Procure sempre considerar a cor e a iluminação conjuntamente.

A tendência atual da iluminação de interiores e exteriores considera a luz como elemento compositivo, que cria cenários e atmosferas. Deve ser flexível e adaptada às diferentes necessidades de um espaço. As luminárias devem ser valorizadas mais pelas características técnicas do que pelas visuais, salvo aquelas decorativas, que representam pontos de interesse no projeto. O objetivo, ao se projetar a iluminação de um ambiente, deve estar focado mais na "luz e atmosfera" que ela ajudará a criar do que na peça de onde será proveniente.

LUZ NATURAL

Precisamos da luz do sol para "iluminar" nosso espírito. Pouca luz natural deprime e entristece. Quanto mais luz natural adicionarmos aos ambientes, mais favorável será a atmosfera criada. Traga o sol para dentro de casa e integre o espaço interior com o exterior.

Sabemos que a quantidade de luz natural em um ambiente varia no decorrer do dia, e que a posição da construção em relação ao sol é um dos fatores determinantes da quantidade de sol e de luz que um ambiente recebe. Outros fatores, como o tipo das janelas, a vegetação local, bem como a proximidade de construções vizinhas, também interferem consideravelmente.

Ambientes de face norte têm claridade e sol durante todo o dia, já os de face sul, praticamente nenhum sol, porém bastante claridade. Os de face leste recebem sol pela manhã, enquanto sobre os de face oeste incide o sol quente da tarde.

> O TAMANHO, FORMA E TIPO DAS JANELAS, BEM COMO ONDE POSICIONÁ-LAS, DEVE SER OBJETO DE ESTUDO CAUTELOSO

A FIM DE FAVORECER A ENTRADA DE SOL E A CLARIDADE NOS AMBIENTES. CONSULTE SEMPRE O CÓDIGO DE OBRAS PARA CERTIFICAR-SE DE QUE AS DIMENSÕES ESCOLHIDAS PARA AS JANELAS ESTÃO DE ACORDO COM A LEGISLAÇÃO VIGENTE.

A luz produzida pelo sol da manhã é estimulante e energética. Ideal para os dormitórios, ajuda a estimular o começo do dia, além de distorcer pouco as cores. Conforme o sol se põe, a energia do sol diminui e a luz torna-se mais amarelada, menos brilhante, distorcendo e amarelando muito as cores.

LUZ ARTIFICIAL

A associação de luz natural e artificial é indispensável, uma vez que uma complementa a outra. Existem inúmeros tipos de lâmpadas e diferentes modelos de luminárias que possibilitam infindáveis opções de efeitos.

Não me deterei em explicações científicas ou técnicas extensas e complicadas. Este capítulo procura orientar, esclarecer dúvidas e facilitar a escolha de uma boa iluminação. Estudar e planejar a iluminação é tão importante quanto qualquer outra etapa de um projeto.

TIPOS DE LÂMPADAS MAIS UTILIZADAS

São vários os tipos de lâmpadas existentes e cada um deles com características próprias. Lembre-se de que a tecnologia está sempre disponibilizando novos modelos e soluções, e que é sempre bom pesquisar o que está sendo colocado no mercado.

Incandescente

As lâmpadas incandescentes foram as primeiras que existiram, mas, infelizmente, não eram eficientes do ponto de vista do consumo energético e foram proibidas de serem vendidas ou importadas em todo o país desde 30 de junho de 2016.

Halógena

É uma variação da lâmpada incandescente que utiliza gás (halogênio) em sua constituição. Sua durabilidade é maior, tem muito boa reprodução de cor e produz luz mais branca do que a incandescente, além de ser mais econômica do que ela. Quando usada com dimmer, fica tão amarela quanto uma incandescente normal, e sua vida útil também diminui. Com refletor cilíndrico pequeno e de baixa voltagem, é mais utilizada na iluminação de efeito, em spots embutidos no forro. Seu facho pode ser aberto ou fechado. Usada com refletor dicroico, aquece menos o ambiente, já que esse tipo de refletor joga o calor para trás. É ideal na iluminação de qua-

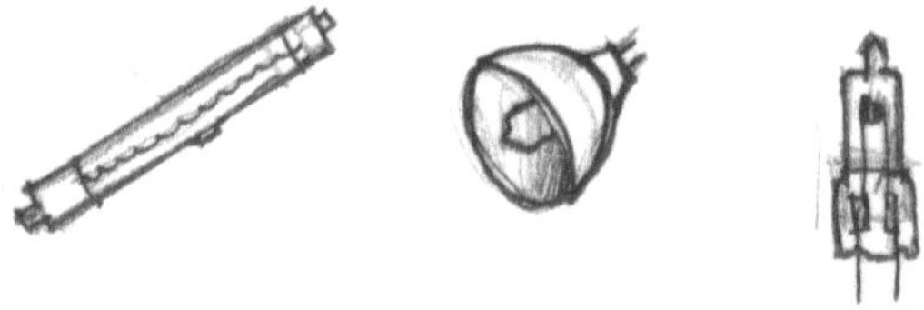

Fig. 84 – Alguns modelos de lâmpadas halógenas para baixa tensão.

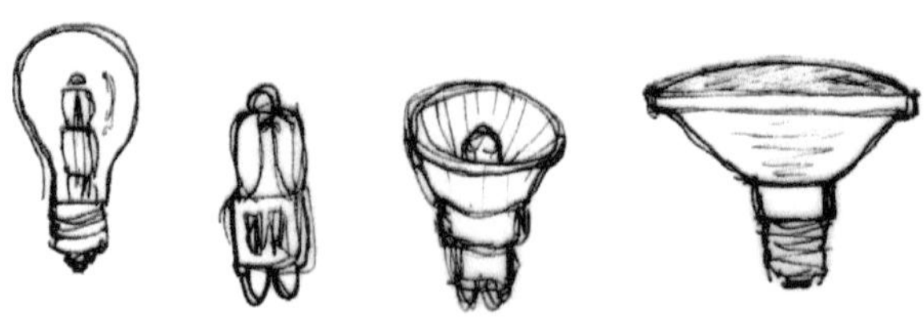

Fig. 85 – Alguns modelos de lâmpadas halógenas para tensão de rede.

dros, obras de arte e cristais. Atualmente podemos encontrar lâmpadas halógenas não somente para baixa voltagem (geralmente bipinos), mas também para tensão de rede (com soquete em diferentes tamanhos).

As lâmpadas do tipo PAR podem ser utilizadas em banheiros e jardins, pois são seladas e ideais para ambientes com umidade.

Já a halógena bipolar é normalmente utilizada em luminárias de pé (tocheiros) ou pendentes. É ideal para luminárias de apoio, já que pode ter até 500 W de potência.

É pequena, produz bastante luz e tem diferentes tamanhos, formas, aberturas de facho e potências.

Existem versões mais econômicas, como a Energy Saver e a ECO, que podem ser utilizadas com dimmer e duram duas vezes mais que as demais halógenas.

Fluorescente

Não gera calor pois não tem filamento interno. Necessita de reator para acender, não sendo muito utilizada com dimmer. Possui diferentes formas, tamanhos, potências e cores. Dependendo da forma, pode demorar um pouco para atingir a potência máxima. Sua reprodução das cores é razoável, sendo ideal para sancas de iluminação e ambientes com pouca circulação de ar, já que não aquece o ambiente. Seu custo elevado dilui-se na economia de energia elétrica que proporciona e na sua vida útil. Por isso tem sido muito utilizada. A de coloração branca (luz do dia) pode distorcer muito as cores e deixar o ambiente impessoal e frio, mas é ideal para ambientes onde as pessoas devem trabalhar e se movimentar. Entretanto, tome cuidado ao utilizar esse tipo de lâmpada próximo a máquinas com partes que oscilam, como máquinas de costura e serras fixas. Pode ser perigoso, já que a lâmpada fluorescente é capaz de causar

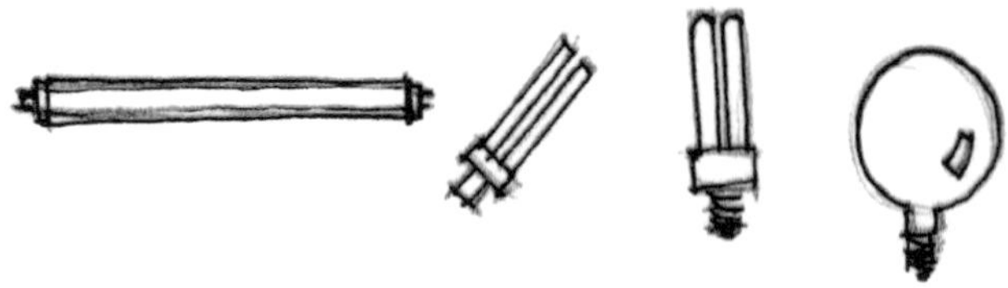

Fig. 86 – Modelos de lâmpadas fluorescentes.

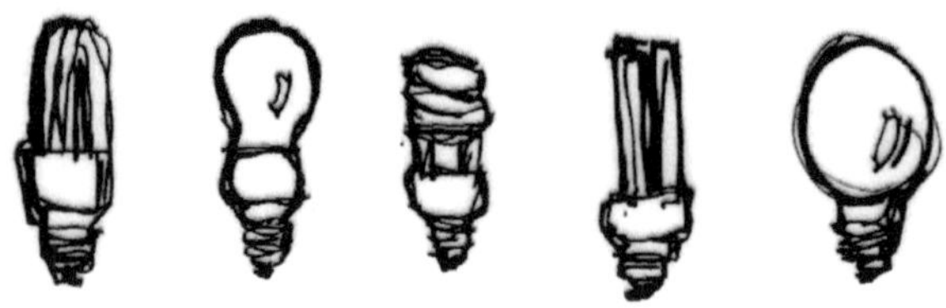

Fig. 87 – Alguns modelos de lâmpadas fluorescentes econômicas.

efeito estroboscópico e paralisar visualmente os movimentos do maquinário, o que seria muito perigoso para quem o opera. Nesse caso, opte por modelos de lâmpada que não produzam esse efeito. As de coloração mais amarelada são ideais para ambientes mais aconchegantes.

Fluorescente compacta

Mais econômicas do que as halógenas, as lâmpadas fluorescentes substituíram as incandescentes, já que chegam a emitir até 80% menos CO_2.

Encontradas em diferentes formas, com possibilidade de dimerização e potência, as lâmpadas fluorescentes também acabarão sendo substituídas pela nova tecnologia LED.

Atualmente, as fluorescentes ainda são uma opção mais barata do que as LEDs, embora o tempo de vida dessas lâmpadas seja bem menor do que as da nova tecnologia.

Lâmpada LED

É uma lâmpada bastante econômica, constituída de um chip muito pequeno inserido em um circuito eletrônico. Não possui filamento, é muito durável, bem compacta, não esquenta nem queima. Pode ser encontrada em diferentes cores (branca quente e fria, vermelha, azul e amarela) e formatos. Ideal para iluminação de efeito e destaque e para iluminação de quadros e plantas, já que não emite raios UV nem infravermelho.

Produz a mesma quantidade de luz com muito mais economia, podendo durar até 20 anos. Emite dez vezes menos CO_2 do que as lâmpadas halógenas e metade do que produzem as fluorescentes. Para uma atmosfera mais quente, opte por lâmpadas com 2.700 K; as frias têm temperatura de cor de 4.000 K e as mais frias, 5.000 K. As faixas de LED são ideais para iluminar prateleiras, armários, sancas ou mesmo para uso basicamente decorativo.

Fig. 88 – Alguns modelos de lâmpadas LED.

FUNÇÃO DA ILUMINAÇÃO

A luz pode ser utilizada para diferentes finalidades. A compreensão exata do ambiente como um todo (dimensões, materiais e utilização) é o principal determinante do tipo de iluminação necessária. A atmosfera desejada complementará as informações para a correta escolha das lâmpadas e luminárias.

Iluminação geral, de fundo ou ambiente

Ilumina de modo geral. Não ressalta nenhuma superfície nem objeto. Ajuda na percepção do ambiente como um todo.

De efeito

De foco dirigido, ilumina superfícies, objetos ou detalhes. Usada para criar pontos de interesse no ambiente.

Iluminação de tarefa

Luz constante e direta, possibilita a execução de atividades específicas, como cozinhar, ler, estudar, etc.

Decorativa

Por sua função, não é utilizada como fonte de luz no ambiente. Cria destaque sem gerar muita luz (lâmpadas de natal, velas, etc.).

EFEITOS DE LUZ SEGUNDO A ORIENTAÇÃO DO FACHO

Direta

Orientada para uma superfície em forma de facho aberto, gerando sombra. Conseguimos este efeito com luminárias do tipo spot, externas ou embutidas no forro. Use-o para "alargar" um corredor estreito. Basta direcionar a luz para as paredes laterais, deixando o teto na penumbra.

Direta de efeito

Lâmpadas de facho fechado e concentrado realçam a textura, o volume e a cor de superfícies ou objetos. Ilumine quadros ou obras de arte, nichos nas paredes, ou ainda, usando este efeito, chame a atenção para a lareira ou para uma parede de textura diferenciada.

INDIRETA

Ilumina por meio da reflexão da luz nas paredes ou no teto. Amplie um pé-direito baixo jogando a luz toda para o teto. A claridade no ambiente, vinda do teto como um todo, pode criar uma atmosfera aconchegante e misteriosa. As arandelas que direcionam a luz para cima também usam o mesmo princípio de reflexão no teto e na parede para iluminar. Uma simples luminária de piso, jogando a luz de uma lâmpada de 300 W para o teto, pode clarear toda uma sala e ser fonte de luz alternativa para um ambiente que esporadicamente necessite de muita luz.

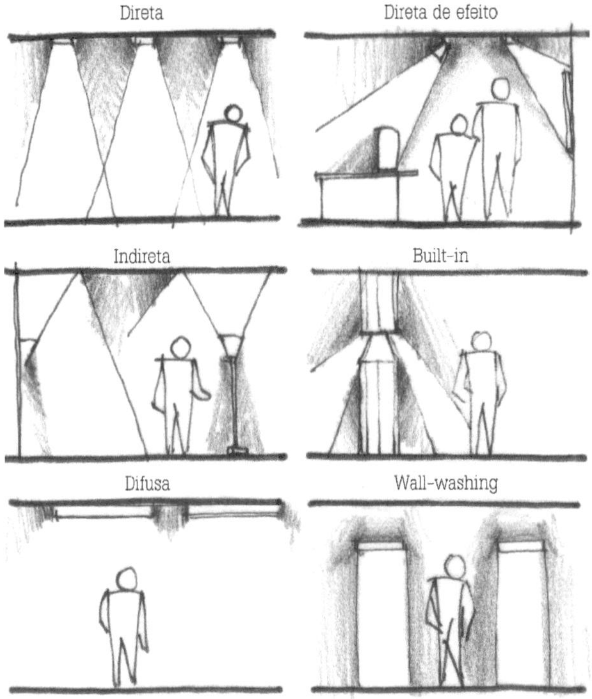

FIG. 89 – EFEITOS DE LUZ SEGUNDO A ORIENTAÇÃO DO FACHO.

Built-in (indireta embutida)

Pode estar embutida ou incorporada à arquitetura ou a peças de mobiliário. Sancas de gesso com lâmpadas fluorescentes são comuns e muito utilizadas em residências. Atenção para não colocar luz demais e deixar o ambiente frio e com atmosfera comercial.

Difusa

A luz espalha-se uniformemente pelo ambiente. Consegue-se este efeito com uma luminária leitosa e lâmpada fluorescente que não produza facho. Dá um aspecto mais chapado e monótono ao ambiente, pois não realça nem cria sombras muito contrastantes.

Wall-washing

É o efeito criado ao se iluminar uma parede com lâmpada halógena bipolar e refletores específicos. Pode ser simulado com o uso de várias luminárias, próximas umas das outras e instaladas junto à parede. Este efeito "lava" a parede com luz. Podem-se utilizar lâmpadas do tipo PAR 20 a 20 cm da parede. Sempre há um pouco de sombra, pois é uma "adaptação" do efeito.

EFEITOS DE LUZ CONFORME A LUMINÁRIA

- Difusa geral: distribui a luz de forma homogênea em todas as direções.
- Direta-indireta: dirige a luz em facho para cima e para baixo.
- Semidireta: emite de 10% a 40% da luz para cima e o restante, para baixo.
- Semi-indireta: distribui de 60% a 90% da luz para cima e o restante, para baixo.

- Indireta: joga praticamente toda a luz para o teto.
- Direta: o facho de luz é dirigido totalmente para baixo.

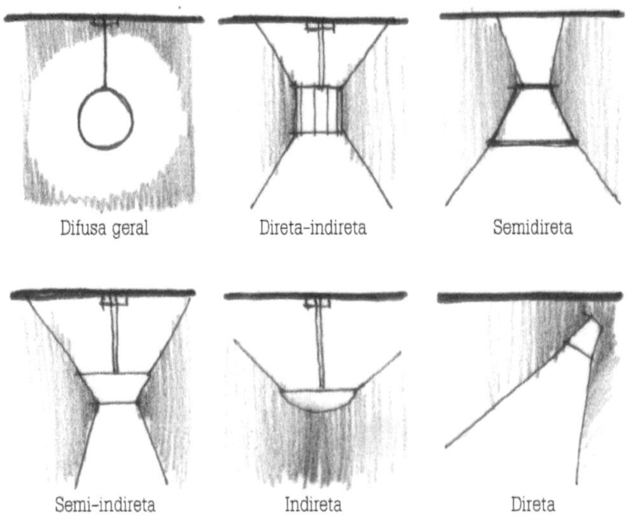

FIG. 90 – EFEITOS DE LUZ CONFORME A LUMINÁRIA.

ILUMINAÇÃO DOS AMBIENTES

Ao pensar no design da iluminação de um determinado ambiente ou casa, tenha em mente os seguintes aspectos:

- que atividades e tarefas serão desenvolvidas em cada ambiente e quais os requisitos básicos necessários para cada uma delas? Um mesmo tipo de iluminação é suficiente para todas elas ou serão necessários diferentes modelos e comandos?
- qual a idade das pessoas que ocuparão os ambientes?
- qual é a intensidade da iluminação natural e o que é preciso fazer para melhorá-la?

- algum detalhe construtivo deve ser ressaltado ou ocultado?
- qual a atmosfera desejada para o ambiente?
- que cores e materiais serão utilizados? (Lembre-se de que eles afetarão diretamente a reflexão da luz.)
- onde devem ser posicionados os interruptores e as tomadas para maior praticidade e conforto? Será utilizada conexão Wi-Fi para acendimento ou Domótica?
- as luminárias também devem ser decorativas?

O cálculo correto de um projeto de iluminação perfeito é bastante complexo e demorado, pois tem vários componentes e fatores. Entretanto, com minha experiência profissional e as dicas que recebi de outros profissionais e de professores ainda na universidade, aprendi que podemos partir de uma potência média por metro quadrado, dependendo do ambiente em questão. Essa potência deve ser aumentada ou diminuída conforme a necessidade.

Não esqueça que as dimensões, cores, materiais e texturas das superfícies alteram completamente a reflexão da luz. Lembre também que o fator idade contribui e muito para a quantidade de watts de que necessitamos para enxergar bem. Quanto mais idosos, maior a quantidade de watts por metro quadrado que devemos ter no ambiente.

Lembre-se de que a relação a seguir é apenas sugestiva. Distribua esse valor por diferentes luminárias e utilize interruptores independentes, que permitam o acendimento conforme a necessidade e a atmosfera desejada. Aumente ou diminua a quantidade de watts conforme o necessário.

QUANTIDADE DE WATTS POR METRO QUADRADO POR AMBIENTE

- Hall de entrada: 15 W/m^2.
- Corredor: 20 W/m^2 ou 75 W a cada 3 metros lineares.
- Salas de estar: 25 W/m^2.
- Dormitórios: 15 W/m^2.
- Closet: 25 W/m^2 ou 100 W a cada 3 metros lineares.
- Banheiros/lavabo: 15 W/m^2 mais 100 W em cada lateral do espelho (tarefa).
- Escritório: 20 W/m^2.
- Cozinha: 20 W/m^2.

ALTURA APROXIMADA DAS FONTES DE LUZ

Segundo estudo realizado pela It'Is Foundation (Foundation for Research on Information Technologies in Society de Zurich), publicado em 21 de março de 2010, quando uma luminária tiver lâmpada compacta fluorescente e permanecer acesa por longos períodos de tempo, é recomendado, por precaução, manter distância mínima de 30 cm da lâmpada para evitar possíveis problemas de pele. Essa distância deve ser principalmente resguardada quando se tratar de luminárias para leitura e daquelas usadas em cabeceiras de camas.

Lâmpadas de leitura

- Luminárias de piso ou de mesa laterais à poltrona: base da cúpula ou refletor a 100 cm ou 110 cm do piso.
- Luminárias de piso posicionadas atrás da poltrona: base da cúpula a 120 cm do piso e a 25 cm do ombro do leitor.

- Leitura na cama: base da cúpula ou refletor posicionado 50 cm acima do travesseiro.

Pendentes sobre a mesa

- De 70 cm a 75 cm do tampo da mesa.

Luminárias de tarefa

- De 35 cm a 40 cm do plano de trabalho e de 25 cm a 35 cm na frente de quem a utiliza.

Arandelas

- No banheiro ou lavabo: 160 cm a 180 cm do piso.
- No living, escadas, etc.: 180 cm a 200 cm do piso.

Uma análise mais completa e aprofundada da iluminação nos ambientes é feita nos capítulos a eles destinados. Entretanto, segue aqui uma orientação básica e rápida para melhor iluminar alguns deles.

ESCADAS E HALL

As escadas devem ser bem iluminadas, permitindo total visualização dos degraus. Coloque interruptores em paralelo no começo e no final da escada. As arandelas são uma boa opção para a iluminação da área da escada, já que podem acompanhar as diferentes alturas da escada. Pode-se criar uma iluminação de efeito com spots direcionados para as paredes, para iluminar quadros, fotos ou qualquer outro elemento decorativo. Cúpulas ou claraboias no telhado podem criar uma atmosfera suave e agradável durante o dia. Use vidro aramado ou laminado, pois garantem maior segurança em chuvas de granizo ou qualquer outra situação perigosa.

O hall deve convidar as pessoas a entrar, portanto, crie com a iluminação uma atmosfera acolhedora. Os espelhos refletem a luz, fazendo com que os ambientes pareçam mais claros. Aplicar wall-washing numa das paredes do hall também pode ser um recurso para clarear o ambiente, além de dar destaque a uma superfície.

LIVING

Pela variedade de recursos existentes, são várias as atmosferas que podem ser criadas. Por exemplo, uma iluminação geral, por meio de spots embutidos com lâmpadas fluorescentes compactas, arandelas ou sancas de gesso, proporciona uma atmosfera mais aconchegante; e uma luminária de piso garante uma quantidade extra de iluminação para ocasiões especiais. O acendimento independente é fundamental para a versatilidade da proposta.

As lâmpadas dicroicas são ideais para iluminar quadros e objetos de decoração. Distribua pontos de iluminação de tarefa em locais de leitura, em mesas de jogos, ou onde qualquer outra atividade deva ser executada no ambiente. Luminárias embutidas em móveis ou ressaltando elemen-

Fig. 91 – Observe o posicionamento da iluminação nas áreas de leitura. As luminárias ou spots não devem causar sombras indesejadas.

tos da arquitetura podem proporcionar charme e aconchego. Mas, cuidado, use dimmer para evitar a superiluminação e não acenda tudo de uma vez. Divida os comandos em diferentes interruptores.

COZINHA E COPA

Os planos de trabalho devem ser bem iluminados. Luminárias centralizadas no teto criam sombras e devem ser deslocadas para cima das bancadas. Use spots embutidos com lâmpadas fluorescentes compactas; lâmpadas fluorescentes em calhas externas; tetos de vidro ou acrílico com iluminação difusa; ou ainda plafons para fazer a iluminação geral. Caso o pé-direito seja pequeno, uma iluminação no topo dos armários altos aumentará visualmente a altura do ambiente. Na bancada, lâmpadas fluorescentes sob os armários suspensos iluminarão a superfície de trabalho de forma mais direta.

Use spots com lâmpadas fluorescentes compactas para a iluminação geral periférica à mesa, a fim de garantir boa visualização do espaço de

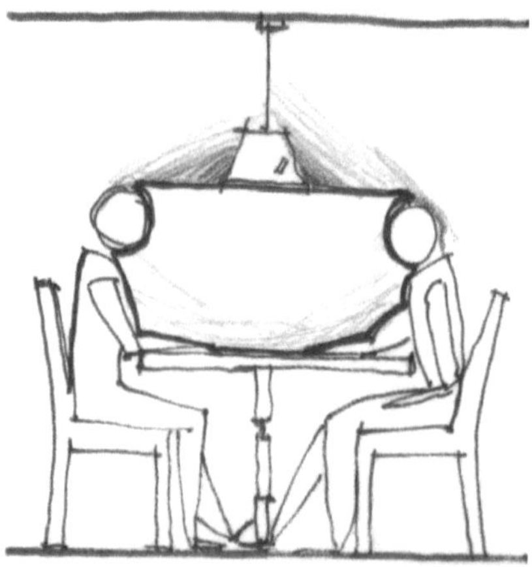

FIG. 92 – NAS ÁREAS DE REFEIÇÕES, UMA LUMINÁRIA PENDENTE PODE OFERECER A LUZ NECESSÁRIA. EVITE MODELOS QUE DEIXEM AS LÂMPADAS APARENTES, POIS PODEM CAUSAR REFLEXOS QUE INCOMODAM.

circulação. Como este ambiente muitas vezes apresenta uma atmosfera diferente e particular, as lâmpadas dicroicas podem ser utilizadas para iluminar elementos decorativos nas paredes.

LAVANDERIA

Uma boa iluminação geral com lâmpadas fluorescentes resolve facilmente este ambiente. Caso precise, coloque iluminação de tarefa na área onde se passa roupa.

DORMITÓRIOS

Um plafon ou uma luminária com iluminação indireta no ponto central do ambiente pode fazer a iluminação geral. Use abajures, arandelas ou spots direcionados para compor a iluminação de leitura e de tarefa sobre as bancadas. Uma iluminação periférica feita com spots completa o projeto, iluminando a circulação e os armários. Caso queira uma atmosfera mais aconchegante, utilize arandelas. Elas sempre dão charme ao ambiente.

Fig. 93 – A iluminação do closet deve estar localizada próximo às prateleiras ou ao varão. Utilize spots com lâmpadas dicroicas ou LEDs, ou ainda fluorescentes compactas, que, além de não aquecer o ambiente, oferecem uma luz difusa que criará menos sombras.

BANHEIROS

A bancada deve receber luz frontal de arandelas (de 140 cm a 180 cm do piso) nas paredes laterais ou frontal. Use lâmpadas dicroicas na iluminação proveniente do teto ou do forro de gesso (uma lâmpada de facho aberto para cada 100 cm de bancada). Essa lâmpada cria um efeito muito bonito em vidros e espelhos. Lâmpadas fluorescentes compactas podem fazer a iluminação geral, e a do tipo PAR 20, por ser blindada, é a mais recomendada para o boxe.

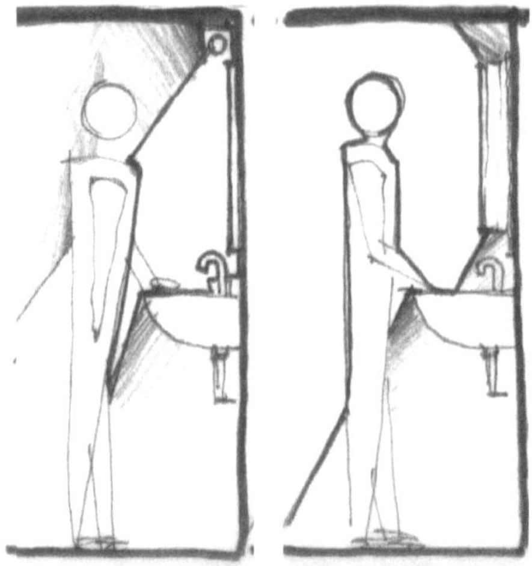

FIG. 94 – NA BANCADA DA PIA, A ILUMINAÇÃO SOBRE O ESPELHO NÃO DEVE SER DIRETA. UMA ILUMINAÇÃO DIFUSA LATERAL AOS ESPELHOS EVITA A CRIAÇÃO DE SOMBRAS.

LAVABO

Geralmente é um ambiente de características marcantes, devendo ter uma iluminação que ressalte sua estética. Spots dicroicos para iluminar quadros ou elementos decorativos na parede, ou arandelas, são uma boa opção. Um spot dicroico ou LED sobre a bancada pode completar a iluminação. O reflexo desse tipo de luz no espelho é muito bonito e pode criar uma atmosfera interessante. Soluções mais simples podem ser conseguidas com um plafon no teto e uma arandela próxima ao espelho (o ideal são duas). Dependendo da área do lavabo e da atmosfera desejada, crie soluções simples ou mais elaboradas.

HOME THEATER

FIG. 95 – ILUMINAÇÃO ATRÁS DO TELEVISOR PODE AJUDAR NA VISUALIZAÇÃO DAS IMAGENS. ALGUNS MODELOS DE TELEVISOR APRESENTAM ILUMINAÇÃO JÁ EMBUTIDA ATRÁS DA PRÓPRIA TELA.

USOS DA ILUMINAÇÃO

- Num ambiente de pé-direito alto e tesouras de madeira aparentes, iluminar a tesoura e fazer dela "a luminária" pode ser uma solução interessante. Valorizar os elementos estruturais pode acrescentar um diferenciador ao projeto.
- As lajes do teto não permitem alterações fáceis quanto à localização dos pontos de luz num ambiente. Um trilho é sempre uma boa opção para redistribuir os pontos. Caso o pé-direito permita, um forro de gesso pode ser a solução para um projeto de iluminação mais elaborado e bem distribuído.

- Para "alargar" corredores ou passagens estreitas, jogue o facho de luzes provenientes do teto em uma das paredes laterais.
- Para abaixar visualmente a altura de um ambiente, jogue os fachos de luz das luminárias para baixo, deixando o teto ligeiramente mais escuro. O inverso deve ser adotado em ambientes baixos.
- Quando utilizar o recurso da iluminação indireta refletida no teto, pinte o teto com tinta fosca. Dessa forma as imperfeições existentes não são tão ressaltadas com a incidência da luz sobre sua superfície.
- Quanto mais vidros houver em grandes janelas e portas, menos área para reflexão da luz existirá. Portanto, explore a iluminação indireta refletida no teto.
- É muito difícil conseguir bastante luz num ambiente pintado com cores escuras e fortes. O branco e as cores bem suaves refletem muito mais a luz. Nem sempre é uma questão do número de lâmpadas e sim da cor das paredes e do teto.
- Se não há possibilidade de utilizar spots embutidos, use peças da mesma cor do teto para não chamar a atenção para as luminárias. Os spots embutidos em forros de madeira ou gesso devem ser preferencialmente da mesma cor dos materiais onde são embutidos.

HOJE A ILUMINAÇÃO DE INTERIORES PROCURA VALORIZAR MAIS A SENSAÇÃO QUE A LUZ CRIA E NÃO A LUMINÁRIA OU LÂMPADA QUE A EMITE. AS LUMINÁRIAS DEVEM SER VALORIZADAS QUANDO EXIBEM UM DESIGN INTERESSANTE, SÃO ANTIGUIDADES OU TÊM UM VALOR SENTIMENTAL ESPECIAL.

11

COR

> Para nós a cor é um elemento estrutural: existem materiais como pedra, madeira e materiais como o vermelho, o amarelo [...]
> Não podemos imaginar uma arquitetura sem cores: o volume, o conteúdo, sempre possuirá uma cor, não importa se amarela ou preta, azul ou branca [...]
> Mesmo quando a cor assume o papel de indicador, ela não perde seu componente estrutural [...] a cor estabelece a relação dos volumes na arquitetura, ditando ou deformando as massas, ou mesmo alterando a relação entre o interior e o exterior.[1]

VIVER EM CORES

Não me concentrarei, neste capítulo, em explicações científicas ou históricas, mas sim em orientações simples, práticas e de imediata aplicação.

Vivemos rodeados, totalmente imersos, num mundo de cores, e nossa reação a elas é profunda e intuitiva, embora não percebamos. As cores estimulam nossos sentidos e podem encorajar o relaxamento, o trabalho,

---

1 Federico Bucci, *Imparare ad abitare* (Milão: Edizioni Lybra Immagine, 1997), p. 17.

o divertimento ou o movimento. Podem nos fazer sentir mais calor ou frio, alegria ou tristeza, ou ainda estimular nosso apetite.

As cores atraem nossa atenção e podem ser utilizadas para ressaltar ou disfarçar imperfeições arquitetônicas. Problemas com a proporção de um ambiente, altura do teto, pilares indesejáveis ou vigas aparentes também podem ser minimizados.

A posição de uma construção em relação ao sol determina a quantidade de luz que ela recebe em seus diferentes cômodos durante o dia. No hemisfério sul, os ambientes de face leste recebem sol pela manhã, os de face norte durante praticamente o dia todo, os que faceiam o oeste têm o sol durante a tarde, e os de face sul recebem luz mas são frios, já que não recebem praticamente insolação.

Utilizando cores que ajudam a refletir ou a absorver a luz, podemos compensar sua falta ou minimizar seu excesso.

Durante um mesmo dia, as cores são vistas e sentidas diferentemente, dependendo das tonalidades, e da quantidade e tipo de luz incidente na sua superfície.

FUNÇÃO DAS CORES

- Influenciar nosso estado de espírito.
- Criar diferentes atmosferas.
- Alterar visualmente as proporções de um ambiente e corrigir imperfeições arquitetônicas.
- Aquecer ou esfriar um ambiente.
- Valorizar e criar centros de interesse.

CÍRCULO CROMÁTICO

CORES PRIMÁRIAS

Dispostas de modo equidistante no círculo cromático, são cores puras e não podem ser criadas a partir da mistura de outros matizes.

- Vermelho (magenta).
- Amarelo.
- Azul.

CORES SECUNDÁRIAS

São criadas a partir da mistura, em proporções iguais, de duas cores primárias.

- Laranja = vermelho + amarelo.
- Violeta = vermelho + azul.
- Verde = azul + amarelo.

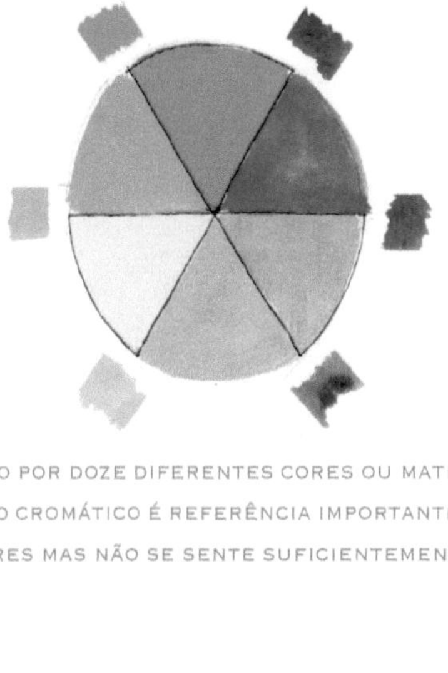

FIG. 96 – COMPOSTO POR DOZE DIFERENTES CORES OU MATIZES DISPOSTOS EM CÍRCULO, O CÍRCULO CROMÁTICO É REFERÊNCIA IMPORTANTE PARA QUEM QUER FAZER USO DAS CORES MAS NÃO SE SENTE SUFICIENTEMENTE SEGURO.

CORES TERCIÁRIAS

Mistura em partes iguais (50% cada) de uma cor primária e de uma secundária.

- Vermelho-alaranjado/vermelho-violeta.
- Amarelo-alaranjado/amarelo-esverdeado.
- Azul-violeta/azul-esverdeado.

CORES ANÁLOGAS

São as cores vizinhas ou adjacentes.

FIG. 97 – CORES ANÁLOGAS.

CORES COMPLEMENTARES OU CONTRASTANTES

São aquelas opostas no círculo.

TEMPERATURA DAS CORES

Cada cor tem uma temperatura própria e consequentemente afeta nossos sentidos de maneira diversa e particular.

Podem ser consideradas quentes ou frias. Cores quentes tendem a diminuir a sensação espacial, enquanto as frias tendem a aumentar visualmente os espaços.

Escolha cores quentes para uma atmosfera aconchegante e acolhedora. Com cores frias os ambientes ficam mais repousantes. Utilize cores claras para aumentar a sensação espacial de um ambiente pequeno.

As cores próximas à linha limite, entre cores frias e quentes têm sua temperatura determinada proporcionalmente à quantidade de cor fria ou quente presente em sua composição. O violeta-avermelhado, com pouco azul e muito vermelho em sua composição, é uma cor quente, enquanto o violeta-azulado, ou seja, com pouco vermelho e muito azul, é considerado frio.

a

b

Fig. 98 – a) Cores quentes: vermelho, laranja e amarelo. Ativas, aproximam as superfícies. Diminuem o tamanho dos objetos. b) Cores frias: azul, violeta e verde. Refrescam, distanciam as superfícies e aumentam o tamanho dos objetos.

Cores neutras e valores tonais

O branco, o preto e o cinza são considerados cores neutras, e podem ser utilizados em qualquer composição, com quaisquer outras cores, sem causar prejuízo ao esquema escolhido. Alguns tons de bege, creme, cogumelo, marrom, mostarda e cores de elementos da natureza, como sisal, alga, madeira e terracota são considerados também cores neutras por alguns estudiosos.

TONS

São variações de uma mesma cor quando se adicionam a ela certas quantidades de branco, preto e/ou cinza.

Adicionando:

- branco = tons pastel;
- cinza = tons médios;
- preto = tons encorpados, ricos e escuros.

ESQUEMAS

Projetar é lidar com sonhos, desejos e características pessoais de pessoas que, na maioria das vezes, não conhecemos realmente. Se soubermos analisar esses indivíduos e realmente entender como "funcionam" e qual a real dinâmica de suas relações, saberemos escolher apropriadamente as cores que mais servirão às suas necessidades.

Os esquemas a seguir são "receitas" que procuram ajudar e orientar a escolha de cores. Devemos nos lembrar de que sempre é possível combinarmos as cores do mesmo modo intuitivo como nos vestimos todo dia.

ACROMÁTICO OU NEUTRO

É um esquema que utiliza preto, branco ou diferentes tons de cinza.

Existe uma corrente que considera também como cores neutras o creme, o bege, as variações de cinza, a cor de cogumelo, os marrons e todas as cores que lembram materiais naturais, como juta, sisal, algodão, linho, alga, etc. Cuidado na escolha dos tons, pois um creme pode se tornar visivelmente amarelo.

QUANDO OPTAR POR ESSE TIPO DE ESQUEMA, UTILIZE O CONTRASTE ENTRE TONS FORTES E FRACOS PARA DEIXAR O AMBIENTE MAIS DINÂMICO E MENOS MONÓTONO.

Mesmo sem usar cores, podemos aproximar ou afastar paredes, diminuir corredores e alterar as dimensões com diferentes tons de cinza. Esse esquema pode deixar a atmosfera do ambiente totalmente fria e impessoal.

Muitas vezes optamos por "tudo branco" por medo de errar. Aposte nas paredes e na arquitetura como partes integrantes e atuantes da atmosfera final de um ambiente. Explore e ouse.

Use diferentes texturas nas paredes para ajudar a criar movimento e, mesmo "em branco" , criar centros de interesse.

MONOCROMÁTICO

Um único matiz puro, em diferentes tonalidades, ou ainda em composição com branco, preto ou cinza. É um esquema muito harmonioso.

Em tonalidades verdes ou azuis, acalma e relaxa. São elegantes e ampliam os espaços se os tons escolhidos forem claros.

Este esquema é uma boa opção para banheiros e ambientes pequenos.

PARA NÃO TORNAR O AMBIENTE ÓBVIO E MONÓTONO, EXPLORE AO MÁXIMO AS CARACTERÍSTICAS DA COR, COMPONDO-A COM TONS CONTRASTANTES PARA DAR MOVIMENTO. USE O BRANCO PARA REALÇAR A MAIORIA DAS CORES.

TRIÁDICO OU DAS CORES PRIMÁRIAS

Esquema que utiliza três cores equidistantes no círculo cromático. Podem ser a tríade das cores primárias (vermelho, azul e amarelo), secundárias (laranja, verde e violeta) ou ainda terciárias (por exemplo, vermelho-alaranjado, amarelo-esverdeado e azul-arroxeado). Não há necessidade de utilizar os matizes puros. Podemos fazer uso de qualquer tom da cor escolhida, caso o objetivo seja suavizar ou estimular uma composição.

> AS CORES PRIMÁRIAS CRIAM UMA COMBINAÇÃO JOVEM, ALEGRE, DINÂMICA E CONTRASTANTE. PODEM SER UTILIZADAS EM QUARTOS INFANTIS, DE BRINQUEDO OU QUALQUER OUTRO ESPAÇO DESTINADO ÀS CRIANÇAS. ESCOLHA A TONALIDADE COM CUIDADO PARA NÃO DEIXAR O AMBIENTE ESTRESSANTE.

ANÁLOGO

Escolha uma cor e use-a juntamente com suas adjacentes. As cores utilizadas neste esquema, que apresenta resultado muito harmonioso, devem ter como base a mesma cor, ou seja, podemos compor com tons de verde-amarelado, verde e verde-azulado; azul-arroxeado, azul e azul-esverdeado, e assim por diante. Branco, preto ou tons de cinza sempre podem ser adicionados à composição.

É um esquema com mais opções e variedades, e o resultado obtido muitas vezes é mais interessante do que os esquemas acromático ou monocromático.

COMPLEMENTAR

As cores complementares são as opostas entre si no círculo cromático. É um tipo de composição muito equilibrada, já que sempre utiliza uma cor fria e uma quente. As características das cores se harmonizam. Por exemplo, a energia de um vermelho vibrante e dinâmico pode ser amenizada pela energia refrescante de um verde.

Podemos utilizar também, com um resultado mais ameno e interessante, uma cor e as adjacentes de sua complementar.

Estes esquemas oferecem inúmeras possibilidades de composição, e seu sucesso depende da escolha das cores, de suas intensidades e tonalidades.

> Um tom pastel compõe melhor com um outro tom pastel; já um tom acinzentado, com outro também acinzentado. Procure não misturá-los.
>
> Cores puras e vibrantes utilizadas com cores suaves criam resultados interessantes e dinâmicos.

Psicologia das cores

As cores têm diferentes significados e influenciam diferentemente as pessoas, de acordo com as diversas culturas. O que para uns é tristeza para outros pode significar prosperidade e elevação do espírito. Para os japoneses, por exemplo, o laranja representa alegria e amor, já para os budistas, é símbolo de humildade. Para os hindus, o lilás é sabedoria, elevação de espírito. Na cultura ocidental, o roxo é tristeza pois está vinculado às cerimônias *post-mortem*. O luto é simbolizado pelo preto para os ocidentais e pelo branco para os orientais.

Portanto, mais uma vez torna-se evidente a necessidade de estudo e avaliação das influências religiosas, sociais e culturais envolvidas no projeto.

> AS CORES ATUAM EM NOSSA MENTE E EM NOSSO FÍSICO, ESTIMULANDO-NOS DE DIFERENTES MANEIRAS. PORTANTO, A ESCOLHA DE UMA DELAS DEVE SER CAUTELOSA A FIM DE ATINGIR PLENAMENTE OS OBJETIVOS DESEJADOS.

AZUL

Não existe cor mais natural, suave ou refrescante do que a cor do mar, da água, do céu e do gelo. É a cor da tranquilidade, da harmonia, da paz e da devoção.

Em tons pastel, os azuis aumentam a sensação espacial de um ambiente e ajudam a acalmar. Ideais para dormitórios, ambientes onde relaxar é importante, espaços confinados e às vezes claustrofóbicos, como banheiros e chuveiros (boxes). Podem ser utilizados como uma ajuda a mais em ambientes projetados para pessoas de temperamento explosivo ou estressadas, com dificuldade de se desligar de problemas do trabalho.

Use o azul com cautela em ambientes de face sul, pois poderá dar uma sensação ainda mais fria ao local. Em ambientes quentes e de face norte, pode representar um aliado importante. Reflete pouco a luz, ajudando a difundi-la e suavizá-la.

Tons escuros e fortes podem induzir à introspecção e deprimir. Use-os com ressalva em ambientes pequenos. Já um tom vivo, como o azul do céu mediterrâneo, é poderoso e transmite paz. Desencoraja pesadelos e estimula bons sonhos, mas cuidado, pois não ajuda a sair da cama pela manhã. Ideal para pessoas que têm dificuldade para dormir e não se desligam facilmente.

Os tons acinzentados podem tornar-se monótonos e sem vida. Use uma cor quente ou neutra para dar contraste e movimento.

Azul-esverdeados, como o azul-turquesa, são apropriados para banheiros, pois essa cor está relacionada à pureza e à frescura da água. Ajudam a aliviar o estresse e a tensão. Sua melhor combinação é, sem dúvida, com o branco.

Ideais em ambientes de trabalho e salas de reunião, já que ajudam a comunicação e a fala. Nesse tipo de ambiente, para dar um pouco mais de aconchego, podem ser utilizados juntamente com tons de pêssego ou laranja.

São estimulantes e exóticos; uma cozinha nesses tons é ideal em climas quentes.

VIOLETA E ROXO

Simbolicamente representam sensibilidade, intuição, espiritualidade, bom gosto e sofisticação. Ajudam a desenvolver a percepção.

Matizes fortes, apesar de vibrantes, podem deprimir. Misture-os com cores neutras ou tons pastel para criar atmosferas interessantes. Tons escuros e fortes de violeta podem criar um refúgio, um espaço para a introspecção. Podem ser usados em ambientes destinados à música, em salas de relaxamento, mas não numa cozinha ou em ambientes destinados a tarefas dinâmicas. Essas cores desencorajam o trabalho físico.

Num quarto de estudos ou escritório, estimula o lado intuitivo, mas deve ser utilizado juntamente com um pouco de amarelo, que ajuda a acelerar o lado intelectual daqueles que usarem o ambiente.

Torna-se uma cor mais fria quando em sua composição há mais azul, e mais quente quando há mais vermelho. Tons pastel frios ajudam a ampliar os espaços pequenos.

A lavanda tem um pálido tom azul e, como a própria fragrância, é rica, delicada e tranquila. Eleva a autoestima e pode ser uma ajuda a mais em closets ou salas de vestir. Boa opção para dormitórios, pois tranquiliza e refresca. Ambientes escuros podem tornar essa cor pálida e sem vida. Funciona muito bem em contraste com o branco.

VERMELHO

A mais quente e dramática das cores, o vermelho estimula os sentidos e seduz a mente. É romance, paixão, drama, emoção, vitalidade, energia, calor e também agressividade.

Usado em demasia, pode deixar o espaço pesado e opressivo, além de diminuí-lo visualmente. Explore grandes áreas brancas para ajudar na reflexão da luz, ou componha-o com tons de creme, para ajudar na percepção espacial.

Tons fortes em grandes áreas de um mesmo ambiente podem deixar o espaço estressante, irritante e até mesmo claustrofóbico.

Ideais para ambientes frios por aquecerem visualmente os espaços. Podem ser usados como um recurso para diminuir ambientes amplos ou aproximar uma parede, criando um centro de interesse.

Em salas de reunião, atuarão no plano racional das pessoas, deixando-as diretas e objetivas. Porém, cuidado com o tom escolhido, pois pode acentuar demais a agressividade das pessoas.

Restaurantes e bares devem utilizar com cuidado certos tons de vermelho para estimular a sociabilização e, ao mesmo tempo, evitar discussões fervorosas.

Um certo modismo aplica o vermelho em tons fortes e vibrantes nas paredes das cozinhas, copas e salas de refeição. Esteja consciente de que essa cor estimula o apetite, esquenta o ambiente e acelera os sentidos. Use com cautela nos locais onde comer com calma é o ideal. Não é à toa que grandes cadeias de restaurantes de *fast-food* (McDonald's, Bob's, etc.) adotam o vermelho, o laranja e o amarelo como cores básicas e emissárias da mensagem: "Coma muito e rápido, pois tem gente esperando!".

Tons pastel são muito femininos e associados ao amor e ao romance. Em exagero, podem deixar o ambiente infantil.

O magenta é vivo, positivo e a cor de maior vibração. Encoraja a introspecção, tem a energia da transformação e induz a mudanças. Deve ser usado em pequenas superfícies e em companhia de tons pastel ou de sua cor complementar, o verde.

Tons rosa-azulado podem criar movimento, mistério e sofisticação, além de serem mais frios.

Tons cereja-acinzentado são elegantes e quentes, podendo criar composições muito interessantes.

> Lembre-se de que a solução ideal é uma composição equilibrada, nem tão quente nem tão fria. Os extremos são sempre perigosos. Contrastes entre cores de temperaturas diferentes ou neutras ajudam a dar destaque, movimento e interesse aos ambientes.

LARANJA

A energia física e dinâmica do vermelho associada à intelectualidade do amarelo proporciona diferentes e interessantes matizes, que aconchegam, estimulam o otimismo e elevam o espírito. O laranja é considerado a cor que mais estimula a sociabilização. Cor da criatividade, do divertimento, da alegria e do humor. Ajuda a "digerir" a vida com alegria e a aceitar seus contratempos.

Os tons de laranja criam uma atmosfera propícia ao movimento e à ação, e suprem a energia necessária para alcançar, criar, expressar e explorar. São antidepressivos. Devem ser usados com cautela por pessoas que facilmente se estressam ou se agitam.

Estimulam o apetite, devendo ser usados conscientemente em cozinhas, copas e salas de refeição. O laranja é um aliado das pessoas com problemas alimentares e digestivos.

Terracota, canela, caramelo e mel são cores exóticas, quentes e energéticas. Em tons fortes, são versáteis, podendo criar excelentes composições quando associadas a cores quentes ou frias. Podem ainda ser utilizadas com sucesso como cores de destaque para criar um centro de interesse. Dão a sensação de aconchego aos ambientes, se associadas a tons de branco e creme.

Tons suaves de pêssego, damasco e laranja são delicados, esquentam levemente e dão aconchego. Ideais para ambientes pequenos e frios, pois aquecem sem diminuir muito o espaço, dando uma agradável sensação de bem-estar.

Em ambientes de estudo e trabalho, aceleram o raciocínio. Associe o laranja ao azul, sua cor complementar, para criar áreas de repouso para os olhos e a mente.

AMARELO

Sol e luz. O amarelo é a cor da infância, alegre, espontânea e divertida. Revitaliza o espírito e ilumina a alma. Simboliza a riqueza. Estimula a criatividade, o intelecto e o poder. É muito versátil, ajudando a estimular a digestão e a comunicação.

Ambientes pequenos e escuros ganham luz e aconchego com tons pálidos, por ser alto o grau de reflexão de luz desses tons, ao mesmo tempo em que aumentam visualmente a sensação espacial.

Essa cor não é muito recomendada para os quartos, pois, ao estimular a mente, faz com que seja mais difícil dormir. É mais indicada para salas de leitura. Em salas de estar, pode estimular conversas e discussões mais fervorosas.

Ideal para banheiros e cozinhas de pessoas que precisam ter um estímulo a mais pela manhã. Não raramente, áreas pintadas em amarelo vibrante tornam-se as preferidas para estudo.

Encontramos desde amarelo-esverdeados, muito ácidos, amarelos vivos e puros, até amarelo-alaranjados e dourados, muito ricos e sofisticados.

Matizes puros e vivos podem estimular demais a mente, devendo ser usados com cautela em ambientes muito pequenos.

Amarelo-escuros como o mostarda, o ouro e o bronze são quentes, ricos, sofisticados e muito elegantes. Em contraste com cores neutras ou com um matiz puro e frio, criam uma atmosfera muito interessante.

Como a quantidade e o tipo de luz incidente em uma superfície pode alterar o modo de sentir e perceber as cores, um tom acinzentado de amarelo-esverdeado, muito interessante à luz do dia, pode tornar-se tedioso e sem charme sob luz artificial.

VERDE

Natureza e floresta. Associada ao equilíbrio e à harmonia, é uma cor que sugere honestidade, estabilidade e confiabilidade. Cor da caridade, da compaixão, do compartilhamento e da esperança. Confortante e antiestresse. Quanto à temperatura, pode ser considerada neutra por não ser nem quente nem fria. Estimula o silêncio.

É relaxante, mas, em contraste com sua cor complementar, o vermelho, o resultado pode ser bem estimulante.

Em espaços enclausurados e sem sol, como sótãos, ou em apartamentos rodeados por prédios em grandes cidades, tons pastel de verde podem acrescentar uma sensação de frescor ao trazer um pouco da natureza ao ambiente.

O verde é ideal para ambientes onde se tomam grandes decisões por acentuar o equilíbrio e não favorecer discussões.

Tons pastel devem ser usados em ambientes de relaxamento, salas de espera, quartos de estudo, salas de reunião. Evite-os em áreas de atividades dinâmicas. Nesses locais, utilize-os com um pouco de amarelo, vermelho ou laranja.

Pistache, verde-maçã e lima são cores que lembram frescura, pureza, limpeza e brisa. É como trazer o exterior para dentro de casa.

PRETO

Não é considerado cor, mas atua na mente e no físico. É sóbrio, masculino e impessoal.

Embora associado à escuridão e à morte, as culturas ocidentais o colocaram no centro da moda, como cor sofisticada e excêntrica. Fizeram ainda da composição preto e branco um "must". Para o feng shui, o preto é poder e dinheiro.

Diminui o tamanho dos objetos e aproxima as superfícies. Absorve a luz e pode deprimir se usado em excesso. Sofisticado para uns, deprimente para outros. Pode ser usado em qualquer composição.

BRANCO

Neutro, é a cor do inverno, nos países frios, e da lua cheia. Simboliza inocência, fé e pureza, e está associado à alegria e à claridade. Cor da higiene e da saúde, é a cor ideal para cozinhas, despensas, banheiros e consultórios médicos ou dentários.

Ambientes totalmente brancos podem se tornar impessoais, monótonos e hostis. Podem ainda lembrar hospitais e deprimir. Componha-o com cores fortes para obter resultados mais dramáticos, ou com tons pastel para conseguir ambientes mais suaves e discretos.

Pode ser usado em composições com qualquer cor, dando mais vida aos matizes escolhidos.

Aumenta o tamanho dos objetos e amplia os espaços.

CINZA

Mistura de branco e preto, a cor cinza está associada à sabedoria e à idade, e também ao estresse e à fadiga.

Grandes áreas de cinza podem ficar sem vida e tristes. Componha-as com cores vivas e obtenha resultados muito interessantes e dinâmicos.

Diferentes e contrastantes tons de cinza num mesmo ambiente dão movimento.

A ESCOLHA DE UM ESQUEMA

CARACTERÍSTICAS FÍSICAS DO AMBIENTE

- Intensidade de calor e luz que recebe durante o dia.

- Dimensões.
- Características particulares da arquitetura.
- Textura das superfícies (influencia na reflexão da luz e da cor).
- Materiais das superfícies.

ANÁLISE DAS ATIVIDADES E DAS PESSOAS

- Qual o temperamento e a idade das pessoas que farão uso do ambiente?
- Qual o tipo de energia mental necessária nas atividades?
- Que estímulos podem e devem ser fornecidos?

DEFINIÇÃO DO CARÁTER E DA ATMOSFERA DO AMBIENTE

- Qual a atmosfera desejada?
- Que importância será dada ao espaço em questão?

DEFINIÇÃO DO ESQUEMA

SE AINDA NÃO HOUVER SIDO ESCOLHIDA UMA COR-BASE:

- escolha uma sensação ou um estado de espírito que se adapte às atividades a serem desenvolvidas no ambiente em questão;
- procure a cor que mais se adapte a ele;
- defina a atmosfera que deseja criar;
- encontre o esquema mais apropriado para alcançar seu objetivo e que melhor se adapte às características físicas do ambiente.

A PARTIR DE UMA COR PREDEFINIDA:

- verifique a sensação que ela causa e se é indicada para as atividades a serem realizadas no ambiente;
- defina a atmosfera que deseja obter;
- escolha o esquema que melhor se adapte;
- defina os tons que mais lhe agradam.

UTILIZAÇÃO DAS CORES

- Um ambiente parece maior com cores claras, que refletem mais luz.
- Para aproximar paredes ou superfícies, use cores escuras, fortes e/ou quentes.
- Superfícies em cores frias parecem mais distantes.
- Diminua a sensação espacial de um ambiente muito grande aquecendo as paredes com cores quentes (tons fortes ou pastel).
- Aumente a sensação espacial num ambiente pequeno pintando as paredes e o teto em tons frios.
- Para alargar um ambiente use uma cor quente pastel no teto e tons bem claros nas paredes. Esse efeito irá alargar e aumentar o espaço.
- Um ambiente muito quadrado fica mais interessante se uma ou duas paredes forem pintadas em cor diferente das demais. Pintar uma parede e o teto (ou o piso) numa cor distinta das demais paredes também diminui a sensação de cubo.
- Cores escuras no piso diminuem visualmente sua superfície.

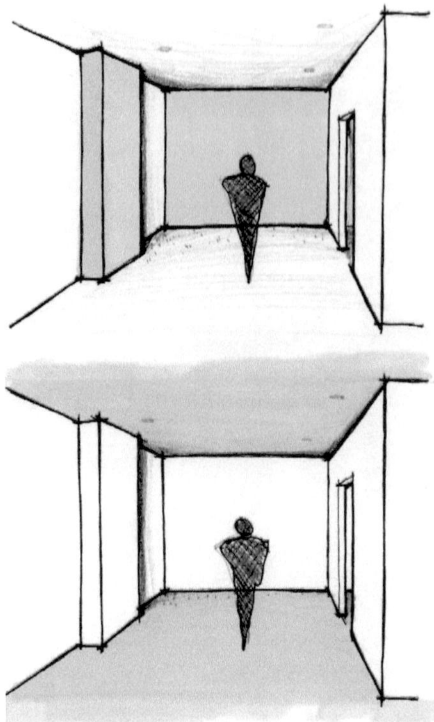

FIG. 99 – UM MESMO AMBIENTE, COM A MESMA COR MAS EM DIFERENTES COMPOSIÇÕES, PODE PARECER TOTALMENTE DIFERENTE.

- Corredores parecem mais largos com cores claras no piso, nas paredes e no teto.
- Encurte corredores escurecendo ou aquecendo a parede que fica ao fundo.
- Vigas, pilares ou qualquer volume indesejável no teto ou nas paredes praticamente desaparecem se pintados todos da mesma cor.
- Para rebaixar visualmente a altura do teto, use um tom mais escuro do que o usado nas paredes. O inverso aumenta o pé-direito.
- Quando o ambiente for grande e alto, além de escurecer o teto, um rodateto largo (faixa) da mesma cor e tom do teto pode ajudar a rebaixar visualmente o pé-direito.

FOTO 5 – A UTILIZAÇÃO DE CORES ALEGRES NA PAREDE E NO MOBILIÁRIO AJUDA A QUEBRAR A RIGIDEZ E A FORMALIDADE DO TETO EM MADEIRA ESCURA.

- A mesma cor no piso de diferentes ambientes integra e cria a sensação de continuidade espacial.
- Diferentes ambientes em diferentes cores "retalham" o espaço, diminuindo-o visualmente. Use cor diferente somente em uma parede de cada ambiente para dar movimento sem retalhar.
- A praticidade deve ser levada em conta. Cores claras no piso exigem manutenção maior do que cores escuras.
- Cores fortes e vivas estão, na maioria das vezes, relacionadas com espaços sociais barulhentos.
- Ambientes bem iluminados têm menor chance de sofrer distorção nas cores das superfícies. Ambientes com pouca luz natural ou artificial ficam com as superfícies escurecidas.
- Ambientes de face norte e oeste são quentes e pedem cores frias. Os de face leste e particularmente os de face sul são geralmente mais frios, pedindo cores quentes.
- Imperfeições e texturas aparecem mais em superfícies brilhantes e acetinadas do que nas opacas.
- As cores ficam mais vivas em superfícies lisas e mais escuras em superfícies rústicas.

CRIAÇÃO DE ATMOSFERAS

Escolhendo-se uma determinada cor, cria-se uma atmosfera que influencia as pessoas que usam o espaço. Pode-se dizer que a cor cria a atmosfera, e as texturas e as estampas ajudam a definir o estilo de um ambiente.

O uso das cores pode criar atmosferas acolhedoras, aconchegantes, irritantes, dinâmicas, excitantes ou sofisticadas, entre tantas outras.

Escolha a cor que mais se adapte às atividades a que se destinam os ambientes e às pessoas que farão uso deles.

LUMINOSA

Cores off white, neutras e o branco, criam uma agradável sensação de luminosidade, de espaço aberto, limpo, amplo e arejado. Nessa atmosfera de poucos contrastes de tons, e predominância dos bem claros, utilize diferentes texturas nas paredes e no piso para enriquecer o projeto.

Qualquer cor adicionada à composição se destaca e pode ser usada tranquilamente em ambientes com pouca luz.

ESPAÇOSA

Tons frios e claros são mais indicados na ampliação visual de espaços. Ambientes de face norte e oeste, que recebem mais sol e calor, ficam muito mais refrescantes e amplos em tons pastel frios.

Caso deseje um look mais calmo e elegante, opte por tonalidades entre o verde e o azul ligeiramente violeta no círculo cromático. Se o objetivo é o mesmo, mas ligeiramente mais quente, opte por tons de azul, verde, lilás ou cinza em grandes áreas, e componha-os com tons de rosa, vermelho, pêssego, terracota ou cobre em pequenas superfícies ou detalhes, como, por exemplo, portas, batentes, molduras de janelas ou rodapés.

ACONCHEGANTE

As cores quentes ajudam ambientes grandes, frios e escuros a ficar mais aconchegantes e intimistas. Use-as para diminuir grandes ambientes, para aproximar paredes e dar destaque, movimento.

Fica mais interessante uma composição com diferentes tonalidades de uma cor quente em contraste com uma cor fria viva. Por exemplo, um ambiente todo em diferentes tons de pêssego com uma parede em verde-jade, ou em terracota com detalhes em azul, pode ficar bem aconchegante e particular.

DINÂMICA E ESTIMULANTE

A atmosfera torna-se bem dinâmica com o uso das cores primárias. Nesse caso, é mais indicada para ambientes infantis ou onde serão executadas atividades que exijam esforço físico. Tome sempre muito cuidado para não estimular demais o ambiente. Procure dosar as cores e as áreas onde serão aplicadas.

Um efeito menos dramático e bem dinâmico pode ser alcançado com uma composição que utilize cores complementares. A mistura entre uma cor fria e uma quente é sempre muito harmoniosa e interessante. Fica ainda mais estimulante se forem escolhidos tons vivos.

RELAXANTE E CALMA

Cores neutras num esquema acromático com diferentes texturas e contrastes de tons podem ser relaxantes. É sempre aconselhável colocar tons off white, que induzam a mente a um estado de espírito relaxado, como, por exemplo, de lavanda ou verde-claro.

O esquema monocromático funciona bem para se alcançar esse tipo de atmosfera. Escolha uma única cor e trabalhe com suas diferentes tonalidades. Use tons fortes e fracos para criar movimento e quebrar a monotonia. Quanto mais suave o tom, mais relaxante fica o ambiente.

A mesma família de cores, num esquema análogo, também favorece o relaxamento. Escolha, nesse caso, uma cor-base que não estimule muito o cérebro. Por exemplo, um azul-violeta, com outros tons de azul e azul-esverdeado, pode ficar bem diferente.

12

O PROJETO

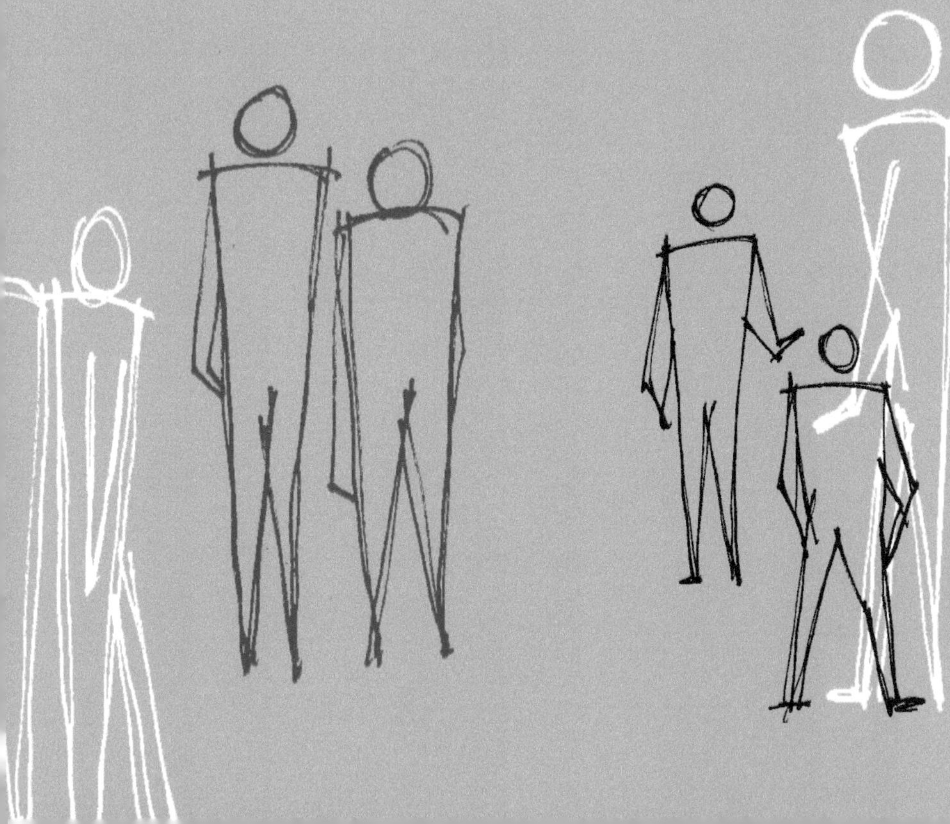

Casas grandes, casas térreas, sobrados, palacetes, vilas, apartamentos, conjuntos habitacionais, condomínios horizontais, condomínios verticais, flats - enfim, várias formas de morar, porém todas guardando inter-relações semelhantes, mesmo com o passar do tempo, deixando entrever que a sociedade brasileira tem uma face - a família é seu principal gerador.[1]

DESENVOLVIMENTO DO PROJETO

ETAPAS DO PROJETO

1. Identificação do problema e de seu contexto sociocultural, econômico e psicológico.
2. Coleta de informações e elaboração do programa.

   Antes de desenvolver qualquer desenho, é preciso elaborar um programa com informações que orientem o raciocínio e direcionem a criação pelo caminho certo:

[1] Francisco Salvador Veríssimo & Willian Seba Mallmann Bittar, *500 anos da casa no Brasil* (Rio de Janeiro: Ediouro, 1999), p. 28.

- Funcionalidade e tecnologia solicitadas.
- Equipamentos necessários nos diferentes ambientes.
- Espaço que deve ser destinado a cada atividade e/ou ambiente.
- Caráter e objetivo estético.
- Características físicas do terreno ou local da obra.
- Custo máximo aproximado da obra.

3. Estabelecimento de metas e critérios para a solução dos problemas.
4. Estudo das hipóteses e alternativas existentes.
5. Escolha de uma direção para o desenvolvimento do projeto.
6. Desenvolvimento da ideia escolhida e suas variações.
7. Detalhamento para verificação e escolha de uma das variações.
8. Avaliação da escolha e possíveis alterações.
9. Seleção final.
10. Projeto definitivo.

TIPOS DE PLANTAS

Quando pensamos em um projeto, duas variantes, entre tantas outras existentes, imediatamente surgem como orientadoras do nosso raciocínio e, consequentemente, determinantes da solução projetual a ser adotada. São elas os ocupantes e o espaço disponível.

Como foi analisado no capítulo 2, o estilo de vida, a composição e estrutura familiar, as características individuais, etc., vão determinar como essa relação ocupante/espaço deverá ser estruturada e organizada, e qual a planta que melhor se adaptará à realidade existente.

QUANTO À ESTRUTURA DA CASA

Fechada

É um conceito mais formal e setorizado. Composto por várias subáreas, como, por exemplo, salas de leitura, jogos, almoço, jantar, copa, cozinha, etc., todas elas fechadas e independentes. Esse modo de interpretar o espaço baseia-se no conceito de diferentes ambientes para diferentes atividades, com privacidade total em cada um deles. É mais adaptado a famílias com estilo de vida mais tradicional e atitudes e postura mais rígidas.

Aberta

Conceito moderno, vem ganhando adeptos que veem nesse tipo de solução uma forma agradável de conviver, principalmente em casas de praia e campo. Bastante informal e versátil, permite que diferentes atividades aconteçam num mesmo ambiente. Como exemplo temos uma cozinha americana onde as pessoas preparam refeições, almoçam e jantam de modo mais descomprometido e informal, ao mesmo tempo que são observadas do mezanino, onde estão os dormitórios e a sala de tevê. Podemos considerar como uma solução mais extremista o conceito de loft, em que toda a casa é apenas um único e amplo ambiente.

Mista

É o conceito que vem sendo cada vez mais requisitado. Uma concepção mais aberta envolve os ambientes sociais e comuns, junto a uma solução mais fechada, que determina os ambientes da área privativa da residência.

QUANTO À OCUPAÇÃO DO TERRENO

A porcentagem de terreno que pode ser ocupada com a construção é determinada pela lei de zoneamento de cada cidade. Portanto, consulte os órgãos responsáveis para saber exatamente as limitações que deverão ser seguidas no projeto.

Concentrada

As áreas dos ambientes são restritas e, muitas vezes, bem pequenas. Geralmente essa planta é utilizada quando o terreno é pequeno para abrigar todas as necessidades dos moradores.

Espalhada

Permite soluções mais criativas e interessantes, além de ambientes amplos.

QUANTO AOS NÍVEIS INTERNOS

Qualquer que seja a opção de espaço interno, sempre haverá prós e contras. Portanto, devemos pesar as vantagens e desvantagens de cada alternativa a fim de buscar o melhor resultado.

Horizontal

É na maioria dos casos a opção mais econômica, pois o gasto com a fundação não deve ser elevado (sempre dependendo, é lógico, do tipo de solo). Essa solução é mais cômoda, já que não existem escadas nem desníveis. Quando a área da residência é grande, é inevitável a perda de espaço com corredores e áreas de circulação.

Vertical

Solução ideal para terrenos pequenos que precisam incorporar residências grandes ou, ainda, residências em terrenos grandes que buscam maior aproveitamento da área social e recreativa, com a inclusão de piscina, spa, etc.

É também bastante recomendada quando se deseja explorar as vistas do mar, montanhas, ou uma fantástica vista da cidade iluminada.

PEQUENAS DIFERENÇAS DE PISO ACOMPANHANDO OS DESNÍVEIS DO TERRENO ACRESCENTAM CHARME AO PROJETO. ENTRETANTO, A CIRCULAÇÃO TORNA-SE MAIS DIFÍCIL E PERIGOSA PARA PESSOAS IDOSAS, DOENTES, PORTADORES DE DEFICIÊNCIAS FÍSICAS OU CRIANÇAS.

ALGUNS TIPOS DE SOLUÇÕES

Como foi bem explicado no livro *500 anos da casa no Brasil*,[2] a evolução do conceito da nossa habitação evoluiu segundo as características socioculturais de cada período.

Primeiramente foram as casas-grandes, as senzalas e, mais adiante, com a evolução da vida urbana no Brasil colonial, pequenas e simples casas térreas. Desenvolveram-se então os sobrados, que se adaptavam perfeitamente às condições socioculturais da época, graças à sua praticidade. Já no século XIX, surgem os primeiros palacetes neoclássicos.

Analisando a vida urbana e as construções brasileiras, vemos que a Abolição da Escravatura e a Proclamação da República influenciaram tremendamente as mudanças do espaço habitável, ou seja, estimularam sua compactação, já que não existiam mais escravos para desenvolver as tarefas domésticas. Começam aí também os primeiros loteamentos de grandes fazendas e, consequentemente, o adensamento demográfico.

---

[2] Francisco Salvador Veríssimo & Willian S. M. Bittar, *500 anos da casa Brasil*, cit.

VILAS

Passaram a fazer parte da vida urbana e a abrigar a classe média brasileira no século XX.

Charmosas residências térreas ou assobradadas, em protegidas vilas situadas em locais muito atraentes, foram esquecidas e desvalorizadas por um longo período de tempo. Atualmente tornou-se um sonho, para muitas pessoas, a possibilidade de morar numa residência pequena e charmosa, numa rua com características de cidade do interior e com um vizinho com quem se pode conversar. Uma reforma com total reestruturação do espaço interno e a modernização dos revestimentos e materiais, bem como das tubulações, garantem total conforto e o aconchego de uma charmosa casa de vila. São inúmeras as possibilidades que encontramos nesse tipo de habitação, sem deixar de considerar que muitas delas estão localizadas em regiões nobres das cidades, onde é praticamente impossível encontrar casas com as referidas características.

"Os condomínios térreos, mais modernos, são uma evolução das antigas vilas."[3] Na Grande São Paulo foram lançados, entre 1999 e 2000, 112 empreendimentos desse tipo, com casas de dois, três ou quatro dormitórios, segundo a Empresa Brasileira de Estudos do Patrimônio (Embraesp).

APARTAMENTOS

Surgiram no Brasil nos anos 1920 e se popularizam nos anos 1940, com o aparecimento dos conjuntos habitacionais para a população de baixa renda.

---

[3] Luiz Paulo Pompeia, diretor da Embraesp, em entrevista concedida ao jornal *O Estado de S. Paulo*, 25-3-2001.

Somente nos anos 1970 é que as varandas e os condomínios fechados foram incorporados aos projetos de apartamentos.

Nos anos 1980 houve o surgimento dos flats, ou apartamentos com serviços, que proliferaram nas regiões nobres da cidade de São Paulo.

Os apartamentos são uma opção que a cada dia mais ganha adeptos, seja por motivo de segurança, praticidade, economia seja pela localização.

Neste tipo de construção não se pode alterar a fachada, portanto as janelas e varandas devem permanecer como foram concebidas, embora, na maioria dos casos, sejam pequenas e insuficientes.

Internamente, o caso é bem diferente, e podem ser realizadas alterações, desde que sejam respeitados os elementos estruturais e as tubulações centrais.

Para fazer qualquer tipo de alteração é necessária uma verificação das plantas originais das ligações elétricas, hidráulicas e da parte estrutural do apartamento. Muitas vezes é recomendado consultar os engenheiros responsáveis pelos projetos e verificar com eles a possibilidade da execução das alterações desejadas. Não derrube vigas ou pilares, nem construa piscina na cobertura, sem consultar o engenheiro responsável pela obra. É perigoso e acima de tudo irresponsável. A privacidade, muitas vezes prejudicada, pode ser compensada com vistas maravilhosas.

Os materiais construtivos e suas propriedades acústicas devem ser analisados e escolhidos com cuidado.

CASAS CONJUGADAS

Alguns projetos apresentam esse tipo de solução, onde existe uma única parede divisória entre duas casas. Podemos encontrar soluções com fachadas interessantes. É um projeto mais econômico e que pode possibilitar a centralização dos encanamentos hidráulicos. Problemas acústicos e de privacidade podem ocorrer caso não tenham sido utilizados materiais adequados na sua execução. É um tipo de solução que pode se adequar a casas de praia para uma melhor utilização do terreno e para reduzir o custo com a construção.

LOFTS

O conceito de loft provém de construções centrais de cidades como Paris, Londres e Nova York, que foram desocupadas por indústrias ou grandes depósitos. Ateliês e residências passaram a ser a nova utilização dessas grandes construções. Artistas e pessoas em busca de grandes espaços localizados na área central das cidades foram ocupando esses amplos galpões, geralmente cheios de janelas e com elementos construtivos como vigas, pilares e todo tipo de tubulações aparentes. Foram adaptados

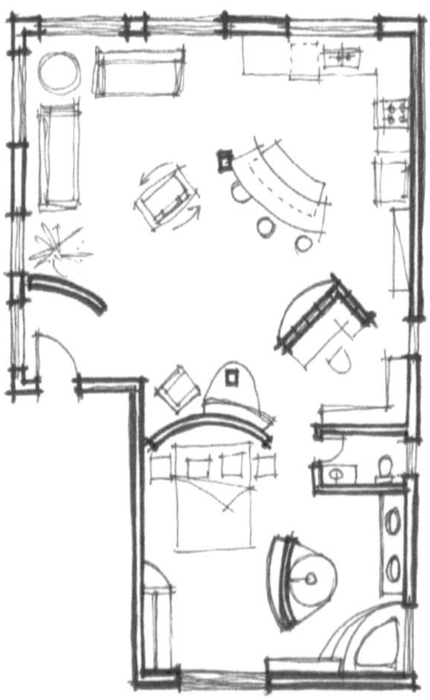

FIG. 100 – EXEMPLO DE PLANTA DE UM LOFT.

cozinhas, banheiros e subdivisões internas para permitir o mínimo necessário de privacidade.

Portanto, os lofts devem ter espaços amplos, com pouquíssimas subdivisões, muita luz natural, e elementos arquitetônicos e estruturais aparentes. Sofisticados e simples, refletem um estilo de vida bem particular.

ESTÚDIOS

São apartamentos pequenos, de um único ambiente ou com apenas um dormitório. É o tipo de residência procurada por jovens profissionais liberais que buscam morar sozinhos, com baixo custo e fácil manutenção.

Morar em estúdios é morar de forma simplificada e organizada. Devem ser práticos, sem muitas variações de cores, para que o espaço não seja visualmente ainda mais reduzido.

Os materiais escolhidos devem ser também práticos e de fácil manutenção. Evite diferentes soluções de piso para não retalhar o ambiente, que já tem dimensões reduzidas.

Uma opção, caso o pé-direito permita, é fazer composição com diferentes alturas. Escolha corretamente um modelo de escada que não ocupe tanto espaço. Modelos simples são mais enxutos e comprometem menos o visual.

As janelas serão elementos definidores da distribuição interna, e paredes baixas podem ser usadas para permitir maior e melhor distribuição de luz pelos ambientes.

A utilização de espelhos pode ser um recurso interessante, caso os ambientes sejam muito pequenos e tenham pouca luz.

Ambientes como cozinhas e banheiros devem respeitar as áreas mínimas necessárias para que os movimentos ocorram sem problemas. Portanto, não economize centímetros que farão muita falta.

AMPLIAÇÃO OU REFORMA

Uma reforma pode significar um gasto enorme, muitas vezes superior ao da construção de uma nova casa.

Avalie cuidadosamente a reforma ou ampliação, e coloque limites bem definidos para a obra. São comuns reformas que começam com a intenção de substituir somente o piso do banheiro e terminam com a troca do telhado de toda a residência.

Planejamento é a palavra-chave para uma boa reforma.

As obras mais problemáticas são aquelas realizadas com pessoas morando no local. Esteja certo de que todas as pessoas envolvidas saibam antecipadamente dos transtornos pelos quais vão passar e que, no final, serão bem maiores do que se imaginava.

O maior problema enfrentado no Brasil é a baixa qualidade da mão de obra com a qual se pode contar. Uma reforma prevista para acontecer em um mês pode acabar levando três, e a que deveria terminar em três pode terminar somente após exaustivos seis meses. Imprevistos são muito comuns em reformas, pois, na maioria dos casos, acontecem muitas surpresas no caminho, nem sempre boas.

Analise e reconsidere todas as alterações do projeto inicial. Cada pequena mudança pode acarretar um grande estrago no final, com gastos que extrapolam o orçamento previsto e o tempo de entrega, que se alonga terrivelmente. Não quebre e troque o que não for preciso, não é uma solução ecológica nem sustentável pois cria entulho indesejável. Pesquise as soluções tecnológicas que exigiriam menos quebras, como conexões Wi-Fi e materiais de revestimento que podem ser aplicados sobre os existentes.

POR QUE REFORMAR?

Várias são as razões que levam a uma obra de reforma. A família pode ter crescido e necessita de um novo dormitório ou da ampliação do banheiro; os filhos mudaram de casa, e novos ambientes devem substituir os antigos dormitórios; ou mesmo um familiar idoso passa a morar na casa.

Cozinha

É um dos ambientes mais populares em reformas residenciais. Pode ser um ambiente escuro e sem ventilação apropriada; ter problemas de concepção arquitetônica; circulação interna difícil; revestimentos em desacordo com as características físicas do espaço; rede de água antiga e enferrujada; funcionalidade inexistente; ou mesmo representar um problema unicamente estético.

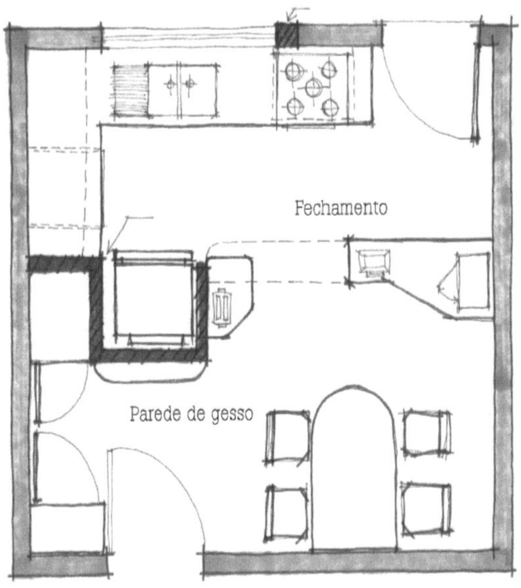

Fig. 101 – A cozinha foi reformada para a criação de uma copa.

Seja qual for o motivo da reforma, levante meticulosamente os problemas que devem ser solucionados e faça um planejamento detalhado de todas as etapas e seus respectivos inconvenientes. É importante que todas as pessoas envolvidas no projeto estejam cientes do cronograma e dos imprevistos que podem ocorrer.

Banheiros

Também são muito populares em reformas. Entre os motivos para isso, estão: falta de ventilação apropriada, iluminação incorreta, materiais desgastados, substituição ou eliminação de peças, problemas hidráulicos ou de esgoto, redimensionamento interno para utilização de cadeira de rodas, revestimentos antiquados e antigos, ou, ainda, a necessidade de ampliação do espaço ou setorização interna (por exemplo, a instalação de portas privativas para o vaso sanitário) a fim de permitir que vários membros da família utilizem o único banheiro da casa.

Equipamentos modernos para cozinhas e banheiros muitas vezes não seguem as mesmas dimensões dos antigos eletrodomésticos, e a gama de novos produtos que seduzem os consumidores faz com que grandes obras sejam realizadas para permitir a simples instalação de um spa, de uma máquina de lavar louças ou de uma geladeira que produz gelo.

Procure imaginar algumas situações que possam acontecer no futuro. Verifique a necessidade de descupinização quando da ampliação de uma residência; se o tamanho do boxe deve ser maior para, no futuro, permitir a instalação de banheira de hidromassagem ou spa; ou, ainda, se as dimensões devem prever uma futura utilização de cadeira de rodas.

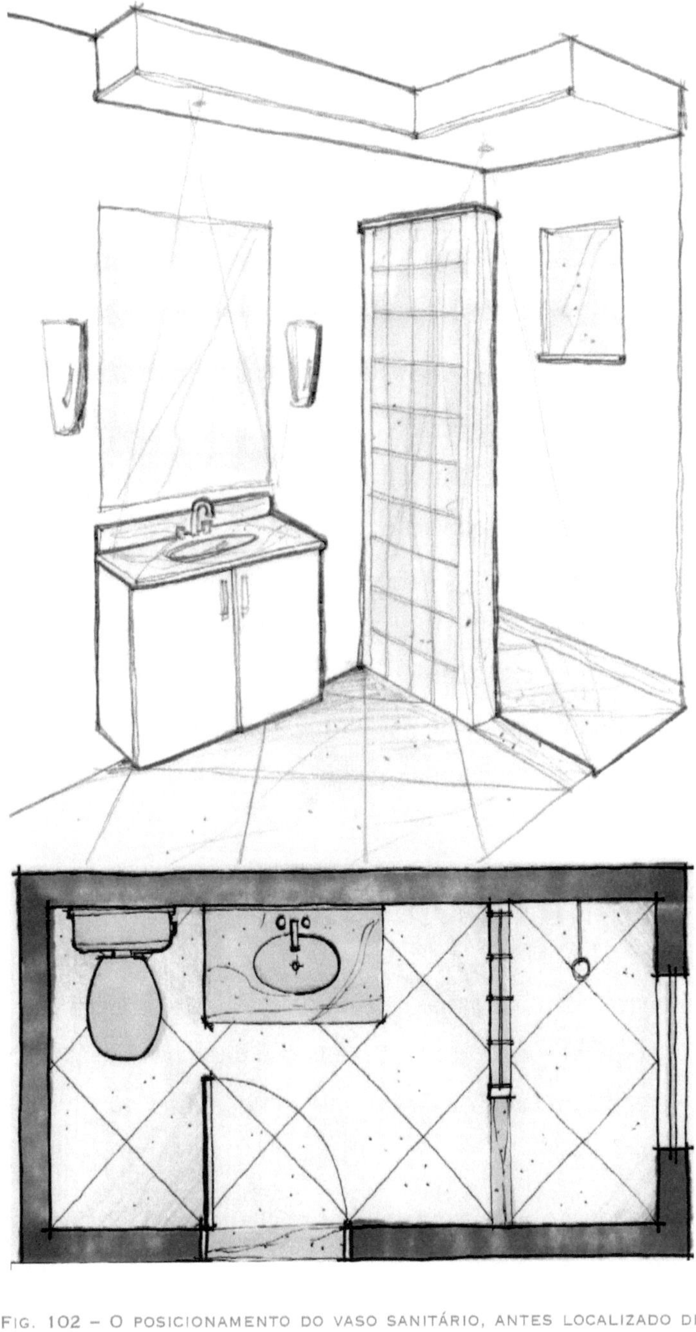

FIG. 102 – O POSICIONAMENTO DO VASO SANITÁRIO, ANTES LOCALIZADO DIRETAMENTE EM FRENTE À PORTA, FOI MODIFICADO. FOI TROCADO TODO O REVESTIMENTO, ERGUIDA UMA PAREDE DE TIJOLOS DE VIDRO E REFEITO TODO O PROJETO DE ILUMINAÇÃO.

Iluminação inapropriada

A maioria das residências antigas conta com um projeto de iluminação simples, econômico e muitas vezes ineficiente. Um design planejado e orientado, que conte com iluminação apropriada e específica para cada um dos ambientes, valoriza o projeto e a obra ao transformar ou ressaltar as características dos ambientes.

Áreas de armazenamento

Poucos ou mal dimensionados armários, e difícil acesso aos espaços de armazenagem, são alguns dos problemas que podem encorajar uma reforma. Uma sociedade que acumula a cada dia mais e mora em espaços cada vez menores enfrenta, no seu dia a dia, diversos problemas com espaços para armazenamento. Racionalidade, funcionalidade, conhecimentos da tecnologia disponível e de ergonometria, pesquisa e finalmente criatividade são os instrumentos utilizados pelos designers que buscam realizar um projeto que realmente funcione.

SELEÇÃO E AVALIAÇÃO DE PLANTAS

Selecionar e escolher o tipo de planta ou solução espacial que melhor se adapte ao projeto em questão é tarefa que deve ser executada cautelosamente e após uma análise de todos os componentes envolvidos no respectivo projeto.

A solução ideal é aquela que melhor se adapte às necessidades daqueles que irão habitar e utilizar os ambientes. É aquela que melhor possibilite que as relações familiares e interpessoais se desenvolvam de maneira harmônica e natural. Que crie ambientes que viabilizem e estimulem o respeito pelas necessidades individuais de cada um.

As propostas para um mesmo problema são inúmeras, e sempre haverá "mais uma" opção a ser explorada. Cabe ao designer a tarefa de saber quando chegou o mais próximo possível da solução ideal.

Chegar a uma definição de projeto pode parecer muitas vezes simples e fácil. Entretanto, não é absolutamente assim. É uma tarefa apenas alcançada após um longo processo de pesquisa e reciclagem. A velocidade com que a tecnologia viabiliza novos produtos e soluções construtivas é enorme. Não estar consciente desse fato é correr o risco de oferecer uma solução conhecida, óbvia e nada original.

CONHECER OS MATERIAIS E A TECNOLOGIA, COMPREENDER AS PESSOAS COMO SERES INDIVIDUAIS, GARANTIR CONFORTO E SOLUÇÕES ADAPTADAS AO ORGANISMO E À ANATOMIA HUMANOS, RESPEITAR A NATUREZA E O FUTURO E, ACIMA DE TUDO, DEDICAR O MÁXIMO DE ENERGIA E CONHECIMENTO AO PROJETO É A ÚNICA MANEIRA DE ALCANÇAR A SOLUÇÃO IDEAL E REALMENTE CRIATIVA.

13

FENG SHUI

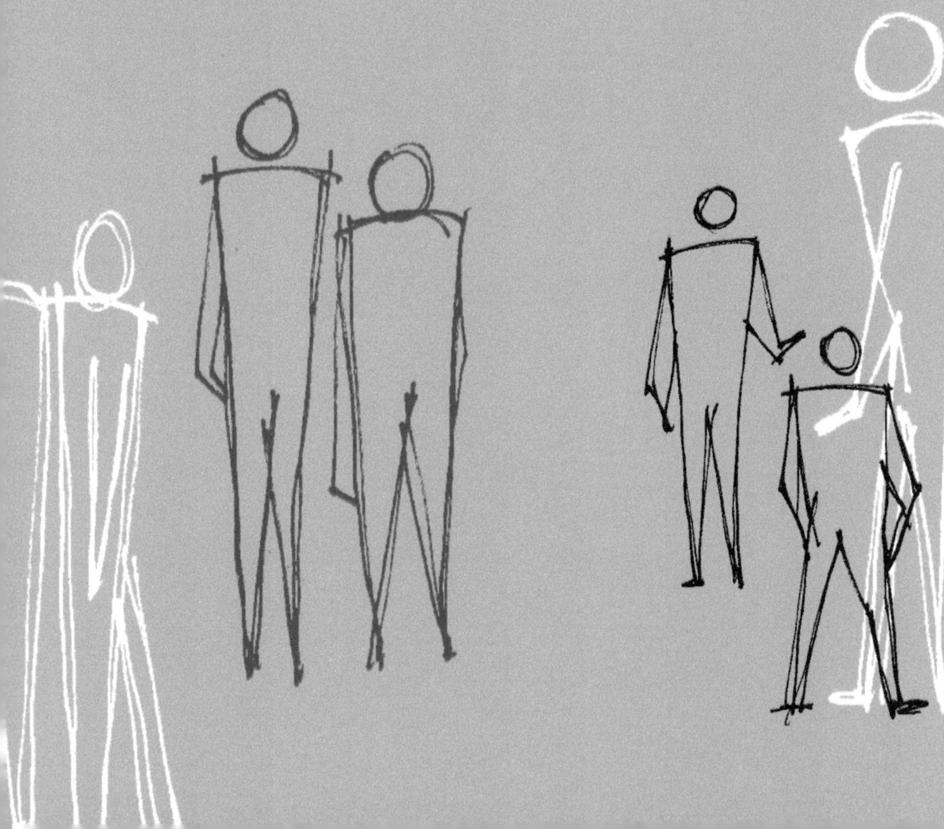

Literalmente, "feng shui" significa "vento e água", e seu objetivo maior é organizar os espaços de modo a atrair as boas energias e a dispersar as más. Busca trazer harmonia para dentro de casa e, consequentemente, para a vida das pessoas.

Não é uma religião, é uma técnica oriental. Pode-se dizer que é uma arte de organizar os espaços. Os ensinamentos do feng shui estão presentes na China há mais de 3 mil anos.

Devemos conhecer e saber avaliar as propostas de diferentes culturas, além de absorver e, se for o caso, incorporar à nossa vida tudo aquilo que acreditamos ser benéfico para nós.

Os seguidores do feng shui tornam-se mais e mais numerosos a cada dia. Não sou uma seguidora assídua de seus fundamentos. Procuro ler, conhecer e aplicar, sem nenhum tipo de radicalismo, os conselhos que me parecem procedentes.

O feng shui trata da harmonia e do equilíbrio dos elementos físicos do nosso mundo, como a paisagem, o meio ambiente, as edificações, os móveis e os objetos, e da energia chi, que flui entre eles. Baseia-se no movimento de chi, também conhecida como "energia da vida", portadora de boa fortuna na forma de energia física, relacionamentos e prosperidade material. Portanto, essa energia deve fluir livremente dentro das residências.

O objetivo do feng shui é equilibrar as energias yin e yang (masculina e feminina, positiva e negativa, luz e escuridão, etc.) nos ambientes e no mundo, visando uma melhor qualidade de vida. Procura assegurar, assim, que somente os estados positivos da mente e a sorte (boa fortuna) estejam presentes em nosso meio ambiente. Às vezes, projetamos e decoramos nossa casa usando intuitivamente o feng shui de forma correta.

Existem diferentes métodos de análise dos ambientes e de identificação de seus pontos escuros. São sugeridos alguns "remédios" para corrigir os problemas encontrados.

A literatura sobre esse assunto é vasta e inclui desde livros altamente sofisticados a revistas e encartes de "aplicação rápida e simplificada". Cabe a cada um identificar a forma mais indicada para suas necessidades.

Seguem alguns conselhos e sugestões práticas, segundo os ensinamentos do feng shui:

- os jardins e acessos em curva são melhores do que os retos;
- a porta de entrada não deve estar alinhada com a de serviço;
- essa porta não deve ficar diretamente em frente à escada interna;
- a porta principal deve ser proporcional à casa, e abrir sempre para dentro dela;
- deve-se colocar um espelho, se for o caso, na parede lateral à porta de entrada, nunca na frontal;
- o hall de entrada deve ser claro e bem ventilado para encorajar a energia chi a entrar;

- as escadas em curva facilitam o trajeto da energia chi dentro da casa;
- nos livings, a distribuição em U é a melhor opção;
- na sala de jantar, evite posicionar cadeiras de costas para as janelas ou portas;
- cantos arredondados ou formas circulares de mesas e bancadas ajudam a energia chi a fluir livremente;
- na cozinha, o forno não deve estar localizado na frente da pia ou da geladeira;
- vigas aparentes, em dormitórios, criam ansiedade e atrapalham o sono;
- no escritório, posicione a cadeira "olhando" para a porta de entrada, para garantir maior concentração no trabalho;
- é altamente recomendável que existam janelas nos lavabos;
- os animais de estimação trazem uma abundante energia de vida.

REFERÊNCIAS BIBLIOGRÁFICAS

ASHELEY, Laura. *The Colour Book*. Londres: Ebury Press, 1995.

BLAKE, Jill. *Healthy Home*. Nova York: Watson-Guptill Publications, 1998.

BRISTOL Interior Colour Card, catálogo, Victoria, Bristol Paint Ltd., s/d.

CHING, Francis D. K. & ADAMS, Cassandra. *Building Construction Ilustrated*. 3ª ed. Nova York: John Wiley & Sons, 2001.

CORRADO, Maurizio. *Nuove tendenze nella architettura d´interni*. Milão: Giovanni De Vecchi Editore, 1998.

CUMMING, Catherine. *Colour Healing Homes*. Londres: Octopus, 2000.

CURSO de decoração. Em *Casa Cláudia*, 6 fascículos, São Paulo, Abril, 2002.

DAVIDSON, James. *The Complete Home Lighting Book*. Londres: A Cassel Book, 1997.

ECKSTUT, Joann & JAMES, Sheran. *Room Redux*. São Francisco: Chronicle Books, 1999.

ELÉTRICA sem segredos. Em *Arquitetura & Construção*, nº 6, ano 15, Abril, s/d., encarte.

FAULKENER, Ray *et al*. *Inside Today's Home*. Orlando: Holt, Rinehart and Winston, 1986.

HAMLYN, Paul. *Creative Colour Schemes*. Londres: Eaglemoss Publications, 1995.

INSULATION for Existing Homes, catálogo, Sydney, CSR Bradford Insulation, s/d.

JACINI, Marinella. *Corso di architettura d'interni*. Milão: Giovanni De Vecchi Editore, 1993.

KING, Francis D. K. *A Visual Dictionary of Architecture*. Nova York: International Thomsom Publishing Company, 1997.

LIVING Colour Magazine, nº 1, Victoria, Bristol Paint, 2001.

LOTT, Jane. *Children's Rooms*. Londres: Octopus, 1989.

NEUFERT, Ernest. *Arte de projetar em arquitetura*. Trad. da 21ª ed. alemã. Rio de Janeiro: J. Catalan, 1978.

NIESEWAND, Nonie. *Converted Spaces.* Londres: Octopus, 1998.

ORTHAUS, Angelika. *A Creative Guide to Paint on Silk.* Londres: New Holland, 1994.

PARIKH, Anoop. *Making the Most of Small Spaces.* Nova York: Rizzoli International Publications, 1994.

ROSSBACH, Sarah & YUN, Lin. *Feng Shui e a arte da cor.* São Paulo: Campus, 1998.

SKOLNIK, Lisa. *The Right Light.* Massachussetts: Rockport Publishers, 2001.

TAYLOR, Lesley. *Design and Decorate Colour Schemes.* Londres: New Holland, 1997.

THE COMPLETE GUIDE to Velux Energy Rated Skylights, Sydney, Velux Australia Pty., s/d.

VALENTIN, João de. *Conforto térmico das habitações.* São Paulo: Sindicato da Indústria de Produtos de Cimento do Estado de São Paulo, 1991.

WHITE, Martin & PERERA, Prema. *Easy Feng Shui in Practice.* Sydney: Australian Publishing Company Pty., s/d.

WHITEHEAD, Randall. *Residential Lighting.* Massachussetts: Rockport Publishers, 1993.

__________. *Lighten Up! A Practical Guide to Residential Lighting.* São Francisco: Light Source Publishing, 1996.

WORMER, Andrew. *The Bathroom Idea Book.* Newtown: The Taulton Press, 1999.

SITES

www.forbo-linoleum.com.br

www.web.uponor.it/news/

www.pwline.it

www.oca-brasil.com.br

www.indusparquet.com.br

www.osram.com.br

www.technistone.eu/

www.concresteel.com.br

www.castelatto.com.br

www.casaeclima.com

ÍNDICE GERAL

Miriam Gurgel é formada em arquitetura pela Universidade Mackenzie, em São Paulo, e em Training and Assessment pelo Central TAFE WA, na Austrália. Fez cursos de aperfeiçoamento em *arquitetura d'interni* e *lighting design*, em Milão. Foi professora de decoração e design na Escola Panamericana de Arte, em São Paulo, no Senac de Araraquara, no Centro Universitário Moura Lacerda, em Ribeirão Preto, nos cursos de extensão da University of Western Australia (UWA) e no TAFE WA, na Austrália.

Atualmente atua como consultora e palestrante em arquitetura e design.

www.ingramcontent.com/pod-product-compliance
Ingram Content Group UK Ltd.
Pitfield, Milton Keynes, MK11 3LW, UK
UKHW040955010926
14791UKWH00011B/1113